JORGE SÁNCHEZ

La vuelta al mundo por

100 LUGARES INQUIETANTES

Manakel
Madrid 2024

Publicado por:
Editorial Dilema
Ibáñez Marín, 11, bajo
28019 - MADRID
Teléfonos: 91 472 9071 / 670 367 479
info@editorialdilema.com
www.editorialdilema.com

Fotografía de la portada: © Svetlana Popova/Dreamstime.com
Fotografía de la contraportada: © Wirestock/Dreamstime.com
Todas las fotografías y gráficos del interior pertenecen a © Jorge Sánchez,
excepto las cedidas gentilmente por los viajeros:
© Antonio Aguilar, página 55
© Agustín Chaler, páginas 158, 180
© Artur Anuszewski, páginas 135, 150, 151, 186, 188

Diseño de Portada: Esther Hernández

Maquetación: Toñi Riera

ISBN: 978-84-9827-654-1
Depósito Legal: M-7940-2024

JORGE SÁNCHEZ

LA VUELTA AL MUNDO POR

100 LUGARES
INQUIETANTES

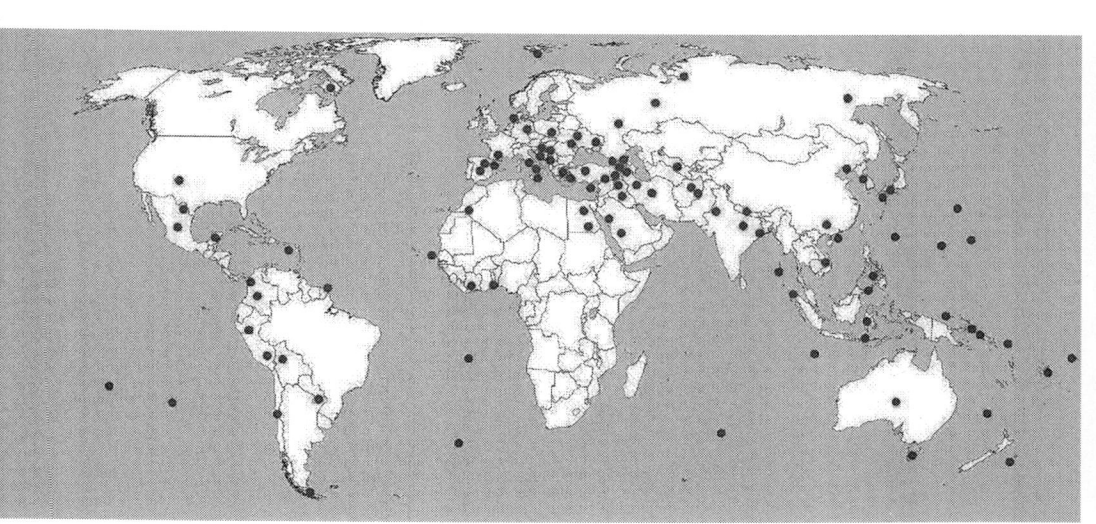

ÍNDICE

OCEANÍA

Introducción

Con frecuencia me preguntan por los lugares que más me han impactado durante mis viajes a lo largo y ancho de este mundo, y yo, invariablemente, suelo improvisar y detallo algunas de mis últimas aventuras destacando las más inquietantes, que siempre suelen ser distintas, así que un buen día resolví recopilar 100 de estos lugares, ya que considero que los destinos inquietantes proporcionan al viajero más conocimientos históricos, culturales y acerca de la naturaleza humana que otros más populares, como son las playas en islas paradisíacas del mar Caribe, del océano Índico y de la Polinesia; o los parques nacionales con exuberante vegetación y vida animal en África y América; o la visita a los espectaculares accidentes geográficos en Europa y Asia, tales como fiordos, cataratas, lagos, ríos, montañas y volcanes.

Además de inquietantes, algunos de estos 100 lugares que describo en este libro pueden ser calificados como intrigantes, inusuales, bizarros... pero todos son sorprendentes, atractivos y didácticos. A nadie con un mínimo de nivel cultural podrán parecerle indiferentes.

Soy consciente de que omito algunos lugares inquietantes que también me produjeron una profunda impresión, como –por ejemplo– la ciudad etíope de Aksum con su enigmática iglesia Santa María de Sion, en cuyo interior, supuestamente, se custodia el Arca de la Alianza; o la sensación pavorosa que experimenté cuando atravesé el puente fronterizo Allenby entre Jordania e Israel; y también cuando alcancé con gran emoción la otrora prohibida ciudad mítica de Tombuctú, en Malí, tras un azaroso y peligroso viaje de 15 días de duración atravesando el desierto del Sahara en camiones y surcando el río Níger en barco. Pero no he querido sobrepasar los 50 países de los 5 continentes, ni tampoco los 100 lugares inquietantes, por ello tuve que realizar una dolorosa criba.

Cuando navegué a la isla de Santa Elena, en el océano Atlántico, sabía de antemano que en ella había sido exiliado Napoleón. Sin embargo, fue una absoluta sorpresa el arribar en un buque samoano a las islas Tokelau –administradas por Nueva Zelanda– y averiguar *in situ* la tragedia de sus antiguos habitantes polinesios, quienes durante los siglos XIX y XX eran capturados por negreros ingleses, estadounidenses y hasta españoles (de la provincia de Barcelona) para ser esclavizados en Australia y en Perú. La misma estupefacción experimenté cuando los guerrilleros de las FARC (Fuerzas Armadas Revolucionarias de Colombia) me secuestraron en las fuentes del río Magdalena y me condujeron prisionero a la "República de Marquetalia", en medio de la jungla. O cuando, viajando en autobús por las islas Andamán y Nicobar, en India, irrumpieron en medio de la carretera (Andaman Trunk Road) una cincuentena de indígenas jarawa semidesnudos, con sus arcos y sus flechas, que se relacionaron por signos y sonrisas con los pasajeros durante un par de horas. También recuerdo con estupor cuando fui conducido a las trincheras del frente de guerra de Jalalabad -Afganistán- y tenía que agachar la cabeza cada vez que me disparaban desde el frente opuesto.

Por otra parte, varios de estos 100 lugares inquietantes son completamente ignotos, pues su acceso no está al alcance de cualquiera. Por ejemplo, desde que en el año 1568 el navegante leonés don Álvaro de Mendaña descubriera la isla de Wake (que él bautizó como San Francisco) en el norte del océano Pacífico, ningún otro español la había visitado hasta que yo aterricé en ella en el año 2009. Otro tanto sucede con la isla de San Pablo (en las Tierras Australes y Antárticas Francesas), donde solo una vez al año atraca un barco francés de estudios oceanográficos, el cual acepta únicamente 12 pasajeros que, obligatoriamente, deben hablar francés con soltura para ser admitidos a bordo. O la ciudad de Lo Manthang, la capital del antiguo reino de Mustang (Nepal), en la que fui el primer extranjero occidental de la historia en penetrar y pernoctar en ella, años antes de que Mustang se abriera al turismo –previo pago de 500 dólares americanos para ingresar en dicho reino, y con la condición de ir acompañado por un guía nepalí.

Estos 100 lugares inquietantes son educativos pues aportan enseñanzas sabias y valores morales, además de lecciones históricas y acerca de la naturaleza del hombre para comprender la razón de su existencia en este mundo. Todos los visité en el transcurso de mi actividad viajera, en la cual invertí más de 30 años netos de mi vida adquiriendo lecciones de humanidades por todos los vericuetos de nuestro planeta; o lo que es lo mismo: tres décadas viví fuera de España, en las cuales efectué siete largas vueltas alrededor de la Tierra y llegué a conocer en profundidad la totalidad de los 193 países registrados en las Naciones Unidas con prácticamente todas sus regiones, estudiando las peculiaridades de la humanidad y su comportamiento.

Acompaño, a modo de ilustración, mapas para situar geográficamente al lector, además de 100 fotos correspondientes a cada uno de los 100 lugares inquietantes.

La RAE (Real Academia Española) define del siguiente modo la palabra inquietar: "turbar el sosiego, quitar la quietud". Por ello, mi objetivo es que los lectores de estos 100 lugares inquietantes se sientan turbados y deseen viajar a todos ellos, para así adquirir conocimientos de humanidades sobre nuestro bello y fascinante planeta Tierra y los seres que lo pueblan.

A mi familia, lo más precioso que me ha dado la vida

EUROPA

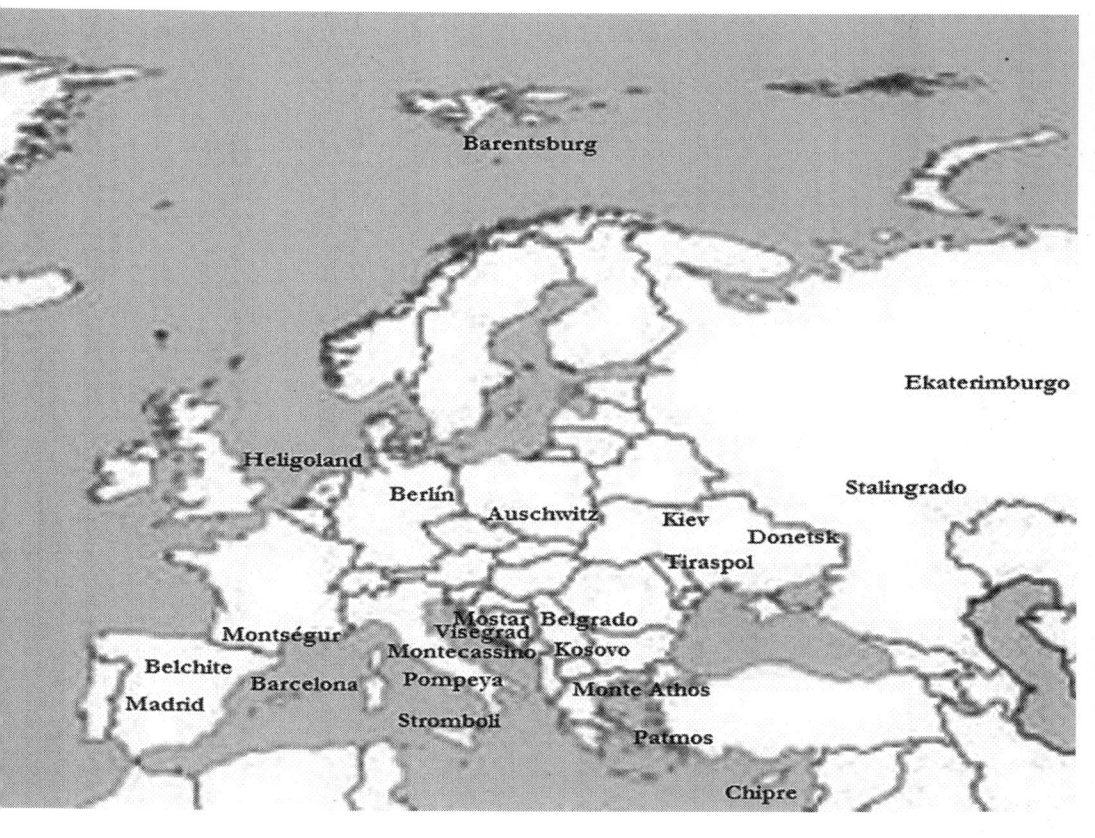

Barentsburg

Ekaterimburgo

Heligoland

Stalingrado

Berlín

Auschwitz

Kiev

Donetsk

Tiraspol

Mostar
Visegrad
Montecassino
Kosovo

Montségur

Belgrado

Belchite

Barcelona

Pompeya

Monte Athos

Madrid

Stromboli

Patmos

Chipre

ALEMANIA

1 – El muro de Berlín

El lugar más inquietante que he visitado en Alemania ha sido el muro de Berlín, en el año 1984.

Iba viajando en autostop desde Bélgica y me dirigía a Grecia para embarcarme a Israel. A la salida de una carretera de Bremen, en Alemania, coincidí con dos jóvenes autostopistas neerlandesas. Pronto un coche nos recogió a los tres para llevarnos a la ciudad de Hannover. Durante el trayecto, las dos chicas me contaron que se dirigían a Berlín Occidental y me propusieron unirme a ellas. Yo acepté de inmediato, pues Berlín, una ciudad dividida en cuatro sectores desde 1945, evocaba en mí escenas de espías que eran intercambiados. Un muro separaba dos mundos con dos maneras de gobierno diferentes: el sector de Berlín –o Berlín Este– controlado por la Unión Soviética constituía la capital de la Alemania Oriental (República Democrática Alemana), mientras que los otros tres sectores (británico, francés y estadounidense) eran los que yo podía visitar libremente. El muro entre estas dos partes antagónicas sería levantado en el año 1961 por el sector soviético.

Por otra parte, había notado que, al viajar en autostop en solitario, a veces tenía que esperar en la carretera más de dos horas a que me recogieran. Pero viajar junto a dos muchachas ofrecía confianza, por ello los conductores de los vehículos no tardaban en detenerse para llevarnos en dirección hacia nuestro destino.

Salimos de Hannover y llegamos a la frontera con la República Democrática Alemana, al paso fronterizo de Helmstedt-Marienborn, también conocido como Checkpoint Alpha.

Para entrar entonces en Berlín Occidental se tenía que recorrer un pasillo de unos 300 kilómetros a través de una autopista llamada "Bundesautobahn 2".

Los oficiales de la República Democrática Alemana hacían pagar 5 marcos alemanes por persona para poder usar esa autopista, a pesar de que había sido construida por Alemania Occidental (República Federal de Alemania).

Tras unas pocas horas de trayecto, durante el cual estaba prohibido detenerse y hacer fotografías, llegué a Berlín con las dos chicas neerlandesas.

Berlín era, según los propios alemanes, la ciudad más loca de las dos Alemanias; allí se refugiaban muchos jóvenes de Alemania Occidental que no querían hacer el servicio militar.

Mis dos compañeras de viaje se fueron a dormir a un albergue de juventud que ya tenían reservado, mientras que yo preferí vagar a mi aire por el centro para familiarizarme con la ciudad de noche. No tenía sueño por la emoción de haber penetrado en un lugar tan inquietante.

Ya casi amaneciendo eché una cabezada en un banco de madera junto a las ruinas de la Iglesia Conmemorativa del Emperador Guillermo, parecida a una muela al revés con caries, en el boulevard Kurfürstendamm.

Cuando salió el sol ejercí de turista y deambulé por el centro de la ciudad. A menudo nos sobrevolaban aviones que producían un gran ruido, haciendo temblar ligeramente los edificios. Le pregunté a un muchacho alemán y me contestó:

–Son aviones de Alemania Oriental que así presionan psicológicamente a los habitantes de Berlín Occidental.

Finalmente, el tercer día me acerqué al muro que separaba los sectores y entré en la parte oriental de Berlín a través del famoso Checkpoint Charlie.

El cuarto día me situé en las afueras de Berlín para hacer autostop hacia la República Federal de Alemania. Llegué temprano, pero ya habría unos ochenta o cien autostopistas jóvenes enarbolando pancartas en sus manos señalando sus destinos, que se arremolinaban junto a los coches para que los recogieran.

Yo me había confeccionado una "M" de Múnich en un cartón. Tras esperar 5 horas, un coche se detuvo llevándonos a mí y a otro autostopista hacia Múnich, adonde llegamos tras cruzar el paso fronterizo Drewitz-Dreilinden, o Checkpoint Bravo.

El infame muro fue derribado en el año 1990. Yo visité de nuevo Berlín en el año 2000 y, por nostalgia, recorrí varios de los lugares que había conocido en 1984, en especial restos del muro con grafitis. Y me sorprendí de los cambios: los turistas se hacían fotografías junto al antiguo Checkpoint Charlie, había tiendas vendiendo recuerdos y un restaurante estadounidense de comida rápida. Estaba todo muy comercializado.

Pero lo que me volvió a inquietar de esa ciudad fue una cruz con una fotografía más un monumento dedicados a Peter Fechter, un joven nacido en Berlín en el año 1944 que a sus 18 años de edad intentó cruzar el muro junto a un compañero hacia el sector occidental cerca del Checkpoint Charlie, pero los guardias del sector oriental le dispararon y quedó tendido en el suelo sin que nadie le ayudara. Acabó muriendo desangrado al cabo de una hora, a la vista de centenares de personas de ambos sectores.

Al ver ese monumento y la cruz recordé entonces las estrofas de una famosa canción del cantante español Nino Bravo, titulada "Libre":

"Tiene casi veinte años y ya está cansado de soñar, pero tras la frontera está su hogar, su mundo y su ciudad.

Piensa que la alambrada solo es un trozo de metal, algo que nunca puede detener sus ansias de volar.

Libre, como el sol cuando amanece yo soy libre como el mar..."

Y asocié la canción al destino de Peter Fechter. Sin embargo, tiempo después leería que la canción fue compuesta en el año 1972 (10 años después del incidente) y no guardaba relación con Peter Fechter.

Me hallo saludando detrás de las barricadas
del Checkpoint Charlie en Berlín.

2 – El Big Bang sobre la isla de Heligoland

No me fue fácil alcanzar Heligoland. Para empezar, la isla ni siquiera aparece en muchos mapas debido a su menudencia: apenas 160 hectáreas.

Heligoland se ubica en el mar del Norte, en la desembocadura del río Elba, a unos 70 kilómetros de distancia de Alemania continental.

Había aviones para acceder a esa isla o, más exactamente, a un islote vecino a Heligoland, llamado Düne. Y, una vez allí, te transportaban a la isla principal mediante chalupas.

En la ciudad portuaria de Cuxhaven resolví comprar un billete de ida con el ferri ordinario, el "Wappen von Hamburg", y el regreso lo haría con el catamarán rápido. A la llegada a Düne unos botes nos depositaron por turnos en el puerto de Heligoland.

Todos los alemanes del "Wappen von Hamburg" estaban excitados al máximo y lo primero que hicieron al desembarcar fue lanzarse corriendo a las tiendas "tax-free" (libre de impuestos) que estaban justo enfrente del puerto, para comprar como desesperados licores, tabaco y perfumes a precios ventajosos. Noté que era el único extranjero en la isla o, al menos, así me lo pareció durante los tres días que pasé en ella.

Me encantan las islas diminutas porque la gente se conoce y se saluda al pasear y te sonríen, incluso a los visitantes.

Todo, absolutamente todo, estaba escrito en alemán en Heligoland, incluso los folletos turísticos. Probaba a hablar en inglés con las gentes pero, invariablemente, aunque me comprendían, me respondían en alemán, cosa que agradecí y no tuve *kein problem* pues me ayudó a mejorar mi destreza en hacerme comprender en una lengua que había estudiado muchos años atrás, pero apenas había practicado y se estaba oxidando en mi memoria. Por otro lado, el alemán es una lengua muy útil en Europa, ya que supera los cien millones de hablantes.

Sabía de la existencia de Heligoland desde el año 1993 cuando, encontrándome en Zanzíbar (Tanzania), aprendí que los alemanes habían trocado con los británicos vastos territorios de África por la diminuta Heligoland (además de otros enclaves, también africanos). El tratado se denominó, en alemán, "Helgoland-Sansibar-Vertrag" y fue subscrito en 1890.

Pero lo inquietante de la isla de Heligoland no consistía en ese trueque tan original, sino en su historia: desde principios del siglo XV Heligoland perteneció a Holstein, un estado al norte de Alemania, fronterizo con Dinamarca, que hoy está incluido bajo Schleswig-Holstein en los länders de la República Federal de Alemania. Posteriormente, a principios del siglo XVIII, Helgoland pasó a manos de Dinamarca y en 1814 se incorporó oficialmente a Gran Bretaña, hasta que en 1890 fue entregada a Alemania.

Los alemanes pronto fortificaron la isla incluyendo refugios para submarinos, pero, al perder la Segunda Guerra Mundial, la Armada Británica ocupó Heligoland y, en 1947, se propuso hundir la isla lanzando 6800 toneladas de bombas con aviones británicos de la RAF (Royal Air Force) y de los países aliados, lo que se conoce por el "Big Bang".

Mas Helgoland resucitó de las cenizas, como el Ave Fénix. Aún hoy se pueden distinguir en la orografía de la isla las consecuencias de los bombardeos, que fueron inútiles, como también lo fueron los que los aliados lanzaron unos años antes sobre Dresde, Hamburgo o Colonia, los cuales fueron catalogados como crímenes de guerra, debido a los miles de civiles que perecieron por las bombas, ya que no perseguían objetivos militares, sino amedrentar a los alemanes. En 1952, viendo que la isla no se hundía ni a tiros, Gran Bretaña resolvió devolverla a Alemania.

Me dispuse a conocer concienzudamente Heligoland, pues debido a su historia le tomé cariño. Como llegué de mañana, pagué 55 céntimos de euro y cogí un ascensor hacia la parte alta de la isla, llamada Uberland. En lo sucesivo subiría la cuesta por las escaleras.

En Uberland vive la mayoría de la gente local, unas 2000 personas. El perímetro de esa parte de la isla estaba marcado cada 500 metros con letreros en alemán relatando la historia pormenorizada de la isla. Desde esa parte alta las vistas eran magníficas, divisándose el aeropuerto en el islote Düne. Vi acantilados abruptos y multitud de gaviotas y otros pájaros –que no acerté a identificar– que seguían a los barcos en busca de comida. Leí que 15.000 pájaros se detienen anualmente en Heligoland, donde existe una estación que se cuida de la protección de las aves. Hay días en los que se observan leones marinos y otros otáridos, pero yo no los vi. También vi varias vacas paciendo, un faro y el símbolo de Heligoland, que consiste en una torre rocosa llamada Lange Anna, cuya forma es muy original.

Entré en la Iglesia de San Nicolás, erigida a finales del siglo XVII, pero destruida en 1945 por los aliados. En la actualidad está reconstruida y parte de ella la han dedicado a los alemanes caídos durante las dos guerras mundiales europeas del siglo XX.

El día siguiente recorrí la parte media llamada Mittelland, considerado el lugar más sano de toda Alemania debido al poco porcentaje de polen que allí hay, lo que ayuda a los asmáticos y alérgicos a curarse en las numerosas clínicas privadas. Simplemente respirando se recuperan, pues Heligoland es naturaleza pura.

En unos folletos se vanagloriaban al declarar que en esa isla hay menos partículas de polvo que en el pico más alto de Alemania, el Zugspitze, con 2962 metros, en los Alpes Bávaros. Debido a la Corriente del Golfo (denominada en inglés Gulf Stream), la isla disfruta de un excelente clima y de más días de sol que en el resto del país.

Noté que no había coches en la isla, salvo los camiones de abastecimiento de mercancías y las ambulancias que transportaban enfermos a los sanatorios. En Heligoland todo el mundo caminaba.

Finalmente, en la parte baja, llamada Unterland, era donde se encontraba el puerto, las tiendas que vendían artículos libres de impuestos, un trenecito turístico llamado Inselbahn, el museo de historia de la ciudad, los restaurantes chics y los hoteles de varias estrellas.

Heligoland, a pesar de ser una isla tan diminuta, goza de todas las ventajas de la vida moderna, como teatros, pistas de tenis, golf, piscinas, cines, etc., pero no padecen las desventajas. Incluso poseen una bandera propia formada por tres franjas horizontales con los colores verde, rojo y blanco.

En el puerto había un signo que indicaba la distancia en kilómetros hacia diversas islas remotas del planeta con personalidad propia: Zanzíbar, 7335; Tsushima, 9787; Robinson Crusoe, 12 900; Pitcairn, 16 060; Tasmania, 17 166, etc...

Leí que visitantes ilustres de Heligoland fueron el Káiser Guillermo II, el escritor checo Franz Kafka y el poeta alemán Heinrich Heine. Incluso Goethe escribió un poema sobre Heligoland.

Heligoland forma parte del archipiélago de las islas Frisias, que se extienden desde los Países Bajos hasta Dinamarca. En muchas de esas islas se habla el frisón, pero yo no lo oí; en Heligoland solo se hablaba el alemán.

La torre rocosa Lange Anna en la isla de Heligoland.

BOSNIA Y HERZEGOVINA

3 – El puente de Mostar

A inicios del siglo XXI me hallaba recorriendo todos los fragmentos territoriales que había dejado la antigua Yugoslavia desde que empezó su descomposición en el año 1991.

Una vez en la ciudad de Mostar, y antes de llegar a su famoso puente, observé en mi camino un trozo de pan junto a un gato durmiendo la siesta y a unos metros vi un obús. Sobre una piedra al lado habían pintado en letras mayúsculas con tinta negra: "DON'T FORGET" (No olvides).

Me detuve por varios minutos para hacer una fotografía y reflexionar, de tanto que me inquietaron esas palabras. Y llegué a la conclusión de que pronto el hombre olvidará; por desgracia, siempre olvida.

Justo frente al puente encontré un alojamiento donde pernoctaría 3 días. Ese tiempo lo dividiría entre la ciudad de Mostar y el tekke (centro de reunión sufí) de Blagaj, a pocos kilómetros de distancia, donde durante dos noches seguidas asistí a los ejercicios de los derviches naqshbandi.

Por las mañanas me paseaba por el antiguo barrio y siempre visitaba la plaza España, donde se ubica un bello edificio de estilo "revival" albergando un gimnasio. España colaboró de manera generosa en la reconstrucción de la ciudad de Mostar, tanto económicamente como con la aportación de miles de soldados en las fuerzas multinacionales durante 15 años tras las guerras yugoslavas. Un monumento en el centro de la plaza se había erigido en honor a los soldados españoles caídos durante su misión, cuyos nombres estaban grabados sobre una piedra.

Lo que más me sedujo de la histórica ciudad de Mostar seguía siendo su Viejo Puente, o Stari Most (most significa puente en bosnio y en otras lenguas eslavas), que fue mandado erigir por el sultán Solimán el Magnífico durante el siglo XVI. Su constructor fue un discípulo del gran arquitecto otomano Mimar Sinan.

Ese puente fue destruido durante las Guerras Yugoslavas (de 1991 a 2001) en el año 1993, pero reconstruido en el año 2004 con la colaboración de UNESCO. Cada día lo cruzaba de un lado a otro y me paraba en medio de él para contemplar el curso del río Neretva, a la par que sorbía un té. A un lado vivían los bosnios y, al otro, los croatas.

Para mí era un puente mágico, perfecto; no sabía si era más bello de día o de noche, cuando lo iluminan y aparece todavía más romántico, haciendo olvidar los horrores de los que fue testigo a lo largo de su historia.

No obstante, pese a la belleza del puente, lo que más recuerdo de mi visita a Mostar, por lo inquietante, es la frase "DON'T FORGET".

El gato de Mostar con el pan y la frase DON'T FORGET.

4 – El camposanto de Visegrad

Iba viajando vía terrestre desde Irak en dirección a España. A la salida de Serbia me dirigí a la ciudad de Visegrad, en la República Srpska –en la parte oriental de Bosnia y Herzegovina–. Mi intención era admirar un puente erigido por el arquitecto otomano Mimar Sinan durante el siglo XVI. Días atrás me había detenido un día entero en la ciudad de Edirne –en la parte europea de Turquía– para visitar otra obra maestra de este arquitecto: la mezquita de Selim. Tanto esa mequita de Edirne como el puente de Visegrad están catalogados como Patrimonios de la Humanidad por la organización UNESCO.

La ciudad de Visegrad es muy conocida debido al libro "Un puente sobre el Drina", escrito por Ivo Andric, que fue Premio Nobel de Literatura en el año 1961.

El puente era imponente, medía 180 metros de longitud y junto al río Drina ofrecía una impresión de solidez y poderío. Mimar Sinan construyó ese puente para unir Sarajevo con Estambul.

Crucé el puente y vi que en el centro había vendedores ofreciendo suvenires baratos, tales como reproducciones del puente, postales, estatuas de yeso representando a Tito, encajes de bolillos, etc. Me quedé allí arriba del puente al menos una hora admirando el río Drina, saboreando la magia y belleza del lugar.

Justo al cruzar el puente me encontré a la izquierda con un hotel de precios moderados, y en él me instalé para pasar esa noche.

Además del famoso puente, que es el atractivo turístico principal de Visegrad, también hallé otros lugares interesantes, como –por ejemplo– una ciudad nueva anexa, amurallada, con una iglesia ortodoxa y casas de piedra. Se llamaba Andricgrad y estaba dedicada a Ivo Andric. Por las paredes leí fragmentos de su libro "Un puente sobre el Drina".

De regreso a mi hotel me fijé en una iglesia llamada la Natividad de la Santísima Virgen María, y en un letrero leí que fue construida en el período de 1884 a 1886. Sus cúpulas redondas denotaban influencia arquitectónica rusa.

La iglesia sería parcialmente destruida durante la Primera Guerra Mundial, y más tarde fue reconstruida y renovada. De nuevo fue devastada durante la Segunda Guerra Mundial por las bombas que cayeron sobre ella, y los soldados alemanes utilizaron sus ruinas como almacén y residencia. Finalmente, sería reconstruida en el año 1946.

Como esa iglesia me pareció atractiva y se hallaba en una pendiente frente a mi hotel, caminé hacia ella para visitarla por dentro. El cementerio estaba lleno de tumbas. Leyendo las lápidas observé que todos los allí enterrados, varios centenares de personas, eran hombres muy jóvenes; sus edades oscilaban entre los 19 y los 24 años de edad. Todos habían nacido entre los años 1968 y 1973, y todos habían muerto en el año 1992.

Al leer esas lápidas un grito de indignación pasó por mi mente. ¡Eran demasiado jóvenes para morir!

¿Valió la pena la descomposición de Yugoslavia? –me preguntaba.

Esos jóvenes jamás podrán contestar a esta pregunta. Me cuestionaba cómo pudo caer tan bajo el ser humano en las guerras yugoslavas y, tras reflexionar un rato ante las tumbas, comprendí que no había caído tan bajo; la realidad era que el ser humano nunca había ascendido tan alto como yo había creído.

Al día siguiente proseguí viaje en autobús hasta Sarajevo, pero no iba pensando en la perfección del puente de Mimar Sinan, sino en lo inquietante que había sido leer las lápidas de los muchachos allí enterrados durante mi visita al camposanto de la iglesia Natividad de la Santísima Virgen María. Arribé a Sarajevo con el corazón contrito.

El camposanto de la iglesia de la Natividad
de la Santísima Virgen María en Visegrad.

CHIPRE

5 – La frontera de Nicosia entre griegos y turcos

Navegando desde la isla de Creta –en Grecia– hasta el puerto de Haifa –en Israel–, atraqué en el puerto chipriota de Limasol. La próxima salida del barco a Israel se efectuaría una semana más tarde, lo que significaba que disponía de siete días para explorar la isla de Chipre.

Desde Limasol me desplacé a Pafos, la ciudad consagrada a la diosa Afrodita, para visitar unas ruinas griegas. En días sucesivos exploraría otros lugares turísticos de Chipre.

Debido a los horarios erráticos de los autobuses locales me veía obligado a viajar en autostop. En uno de mis desplazamientos crucé un fragmento de una base militar británica llamada Akrotiri, y supe entonces que la isla de Chipre está dividida en tres partes: la grecochipriota –que obtuvo la independencia de los británicos en el año 1960– gobierna dos tercios de la isla; la turcochipriota –autoproclamada República de Chipre del Norte en el año 1974– controla el tercio restante. Pero también se hallan las Bases Soberanas Británicas de Dekelia –al sureste– y Akrotiri –al oeste–, habitadas por varios miles de soldados británicos.

Pero no fue esta división administrativa lo que más me inquietó durante mi visita a la isla de Chipre, sino la frontera que iba a cruzar dos días más tarde.

Hice base en Nicosia, la capital dividida del país. Por sus calles vi letreros con fotografías denunciando la desaparición (y probable ejecución) de ciudadanos grecochipriotas –unos 1500– desde el año 1974, cuando, tras un golpe de Estado en Chipre, se intentó unir esa isla a Grecia. Los turcos habitantes de la isla temieron perder su identidad si esa adhesión se producía, por lo que el gobierno de Turquía intervino enviando soldados, quienes invadieron el tercio septentrional de la isla proclamando la República Turca del Norte de Chipre, que solo es reconocida por Turquía.

Uno de esos días determiné cruzar la frontera entre las dos partes mayoritarias de Chipre y entrar por la ciudad de Nicosia en la parte turcochipriota. Vi alambradas separando ambas partes y torreones de vigilancia custodiados por soldados. También noté sacos de arena y barriles en la misma frontera, con soldados de las Naciones Unidas apostados a ambos lados de las murallas.

Iba acompañado por un viajero de Estados Unidos que cargaba una gran mochila en su espalda, a quien había conocido el día anterior, pero a ambos nos fue denegada la entrada a la parte turca por un oficial griego al vernos llegar con nuestras mochilas, a pesar de que la mía era diminuta. Alegaron que aquello no era un paso para viajeros.

No lo comprendía; viajeros que había encontrado en días anteriores en Grecia me aseguraron que habían atravesado al lado turco de Nicosia sin ningún problema. Eso sí, durante un día solamente, y debieron regresar a la Nicosia griega antes de la puesta del sol.

Tomé como una cuestión de honor entrar en Chipre turco, así que, junto al viajero estadounidense, me dirigí acto seguido a los cuarteles de la Capitanía General y pedimos hablar con el coronel.

El hecho de ser extranjero abre muchas puertas. Expliqué el incidente al coronel, tras darle nuestra palabra de que regresaríamos durante el día a la Nicosia griega.

A mí me emitió un salvoconducto. Sin embargo, al norteamericano, debido a sus apellidos helénicos, le denegó el permiso.

A la mañana siguiente, y para no crear suspicacias, deposité mi bolsa de viaje en un bar donde acababa de tomar un café, y así, sin portar absolutamente nada, me presenté de nuevo en la frontera, de nuevo ante el mismo oficial griego, y esta vez sí que me dejó pasar al presentarle el salvoconducto. Me confesó que cuando me vio con la bolsa junto al mochilero norteamericano temió que no regresáramos a Nicosia griega y que, una vez en Chipre turco, prosiguiéramos viaje a Turquía, cosa que ellos prohibían.

Atravesé los cuarteles de las Naciones Unidas, donde noté por las banderas que todos los soldados eran extranjeros, de países como Canadá, Suecia, Reino Unido y también de Grecia.

¡Me encantó la Nicosia turca! Allí todo era mucho más barato que en la parte griega, todo el mundo me sonreía y en las tiendas de suvenires me invitaban a beber té, como suelen hacer en el Gran Bazar de Estambul. El ambiente era más activo, más diligente, más vivo; me sentía en Oriente, estaba en Oriente. Entré en la catedral de Santa Sofía, convertida en mezquita y recorrí los lugares más atractivos de la ciudad.

Observé que los turcochipriotas también denunciaban, mediante letreros con fotografías, la desaparición (y probable ejecución) de unos 500 de sus ciudadanos desde el año 1974.

Aunque los soldados de la ONU me habían hecho prometer que no me aventuraría más allá de la Nicosia turca, al llegar a la estación de autobuses vi que había un servicio regular con Kyrenia, en la costa, así que hacia allí me marché en autobús.

La hospitalidad que recibí en Kyrenia fue superlativa, sobre todo en el zoco, donde no solo me invitaron a té, sino también a un doner kebab de cordero.

No me cansé de recorrer esa cordial ciudad haciendo amistades turcas sin parar. Entré en su castillo, en sus mezquitas y me paseé por sus callejones sinuosos. Cuando empezaba a oscurecer regresé en autobús a la Nicosia turca y poco después crucé a la Nicosia griega.

Sin duda, ese fue mi mejor día de la semana en toda la isla de Chipre, el más inquietante.

La frontera de Nicosia entre griegos y turcos.

ESPAÑA

6 – Excursión al monasterio de El Escorial con el Valle de los Caídos

Visité por primera vez el Real Monasterio de San Lorenzo de El Escorial y el Valle de los Caídos cuando tenía 18 años (en 1972). En Madrid compré una excursión en autobús a esos dos lugares por poco más de 1000 pesetas.

El contemplar desde el exterior la arquitectura tan austera del monasterio no me causó ninguna impresión positiva, y hasta temí que tenía ante mí una visita aburrida. No podía sospechar que el interior de esa colosal construcción albergara maravillas que están más allá de la imaginación.

El guía era un hombre enjuto, muy mayor, caminando con ayuda de un bastón, que trataba de impresionar a los turistas de nuestro grupo contándonos la cantidad exacta de habitaciones, puertas y ventanas que hay en ese monasterio.

En la entrada nos relató que el rey Felipe II ordenó fundar ese monasterio por haber vencido las tropas españolas a los soldados franceses en la Batalla de San Quintín en el año 1577. Y, como la victoria aconteció un 10 de agosto, festividad de san Lorenzo –que fue martirizado en una parrilla–, se decidió que la forma del monasterio debía de asemejarse a una parrilla.

Durante unas tres horas los turistas fuimos conducidos por diversos pasillos y patios del interior del monasterio. Se nos mostró la basílica, la sala de batallas, las salas capitulares, la habitación con la cama de Felipe II, además de la cripta más la biblioteca con sus manuscritos iluminados, mapas antiguos y los libros de las horas. Las pinturas y frescos de sus museos fue otro de los tesoros del monasterio que pudimos disfrutar.

Aquello era asombroso, entrañable; uno sentía que ese monasterio albergaba el alma de España.

Lo que a mí más me cautivó fue ver el "Crucifijo de Benvenuto Cellini" en mármol blanco de Carrara, representando de manera muy real a Cristo crucificado.

Sin embargo, la visita no me inquietó, tan solo me llenó de admiración por contemplar tantas cosas bellas.

Tras el monasterio, el chófer del autobús nos condujo a pocos kilómetros de allí para visitar la Abadía Benedictina de la Santa Cruz del Valle de los Caídos. Desde la lejanía ya se observaba una cruz monumental.

Y fue precisamente esa cruz, de 150 metros de altura, lo que me inquietó de manera profunda por la repentina visión que recibí, que parecía mágica; al acercarse uno en autobús aparece inesperadamente, como si descendiera del cielo. Según el libro Guinness de los récords, esa cruz es la más alta del mundo.

En la base de la cruz se hallan cuatro gigantescas estatuas representando a los cuatro evangelistas: san Juan, san Lucas, san Marcos y san Mateo.

El interior subterráneo de la basílica también inquieta, y más cuando uno cruza la verja y se acerca al altar.

Todo el conjunto −cruz, basílica más abadía− se halla en medio del espectacular valle de Cuelgamuros de la sierra de Guadarrama, rodeado de naturaleza prodigiosa.

Esa noche, al llegar a mi hospedaje de Madrid, tardé en conciliar el sueño debido a la impresión inquietante que me produjo la cruz y, en general, el Valle de los Caídos.

Con los años volvería más veces al Real Monasterio de San Lorenzo de El Escorial y al Valle de los Caídos, no menos de 30, pues me especialicé en su historia y acompañaba a grupos de turistas rusos, ucranianos y kazajos. Y la cruz de nuevo me inquietó, pero esta vez de aflicción, pues en España habían surgido partidos políticos que amenazaban con destruir esa imponente cruz por ser un símbolo del cristianismo, lo que me hacía recordar la destrucción de los milenarios Budas de Bamiyan −de 55 y 35 metros de altura− en Afganistán, por parte del régimen talibán, en el año 2001.

La cruz del Valle de los Caídos.

7 – El Pueblo Viejo de Belchite

Me hallaba en Zaragoza invitado por un club aragonés de trotamundos para dar una charla acerca de las siete vueltas al mundo que he realizado, pero como llegué a esa ciudad de madrugada y aún faltaban muchas horas para el evento (que se efectuaría por la tarde), le pedí a un miembro del club que me llevara en su coche al Pueblo Viejo de Belchite, a unos 50 kilómetros de distancia.

Sabía que, entre el 24 de agosto y el 6 de septiembre de 1937, se había producido en la ciudad de Belchite una de las más sangrientas batallas en el contexto de la guerra civil española entre dos bandos oponentes: los nacionales y los republicanos. La batalla fue ganada por la parte republicana, que conquistó Belchite a los nacionales. El resultado fue de cerca de 5000 muertos entre ambos bandos, más unos 6000 heridos y unos 2500 prisioneros nacionales. La ciudad de Belchite fue completamente arrasada.

Una vez acabada esa guerra civil –ganada por los nacionales–, se determinó dejar las ruinas de la ciudad devastada como memorial, y pasó a ser conocida como Ciudad Vieja de Belchite. A su lado se fundó la actual ciudad de Belchite.

Las más de dos horas que pasé junto con mi amigo aragonés en esas ruinas me inquietaron sobremanera. Vi los restos de la antigua ciudad justo antes de la guerra, cuando contaba con cerca de 4000 habitantes. Advertí la torre del Reloj (de estilo mudéjar), las iglesias de San Agustín y de San Martín de Tours, los arcos de la Villa y de San Roque, y deambulé por algunas de las calles empedradas.

Mi amigo aragonés me previno de no entrar en algunos restos de edificios por peligro de derrumbamiento. Y yo le hice caso.

El Pueblo Viejo de Belchite fue la primera ciudad arrasada durante la guerra civil española que había visitado en mi vida, por ello me impactó profundamente, más incluso que la cruz del Valle de los Caídos.

Poso junto a una cruz y la torre del Reloj
en el Pueblo Viejo de Belchite.

8 – LA ANTIGUA CHECA DE SAN ELÍAS EN BARCELONA

El lugar más inquietante que he visitado en España se encuentra en la ciudad de Barcelona, a menos de 30 minutos en transporte público de mi lugar de nacimiento. Se trata de una antigua checa del bando republicano implantada durante la guerra civil española, que funcionó desde el año 1936 hasta 1939. La visité a pesar de que la mencionada guerra no la viví, ni tampoco la vivieron mis padres, ya que ellos tenían 12 y 10 años de edad cuando estalló, aunque sí que sufrieron las consecuencias de la posguerra.

Se conoce como checa a una especie de mazmorra, generalmente localizada en el sótano de un edificio religioso o gubernamental, donde los militantes del bando republicano encerraban de manera ilegal a un sospechoso de pertenecer al bando nacional, o bien a los religiosos. En esos calabozos se les interrogaba, torturaba, juzgaba y, en la mayoría de las ocasiones, se les ajusticiaba, todo de manera sumarísima.

El origen del nombre proviene de las letras CH y K, iniciales de la segunda y tercera palabras de "Vserossiyskaya Chrezvychainaya Komissiya", que en español significa Comisión Extraordinaria de todas las Rusias, organización que se fundó como Policía secreta bolchevique en el año 1917 en el edificio Lubianka –en Moscú, Rusia–, y estuvo dirigida por Félix Dzerzhinski, un revolucionario comunista soviético (proveniente de una familia noble polaca) nacido en una ciudad cercana a Minsk, en Bielorrusia.

Se calcula que en España se crearon unas 330 checas repartidas por las ciudades de Madrid, Barcelona, Valencia, Málaga y aún en otras de menor población.

La checa barcelonesa de San Elías lleva ese nombre por localizarse en la calle de San Elías, en el sótano de un antiguo convento de las clarisas de Jerusalén, que hoy se llama Parroquia de Santa Inés (o Santa Agnès en idioma catalán).

La checa de San Elías no fue la más terrible de todas las que se constituyeron en Barcelona, pero sí fue la que quedaba más cerca de mi domicilio, por ello la elegí para visitar, ignorando las restantes que hubo en la Ciudad Condal, alrededor de 50. Pensé que el conocer una checa sería suficiente para formarme una opinión sobre todas ellas.

El día que me desplacé a la parroquia esperé en la calle a que comenzara el servicio de la misa del mediodía. Tomé unas fotos de la fachada y, cuando sonaron las campanas, entré. Leí entonces en una puerta la siguiente frase en latín: "UBI CÁRITAS EST VERA,

DEUS IBI EST" (donde hay verdadera caridad, ahí está Dios). Un monaguillo que estaba preparando el altar me informó de que el Vaticano había beatificado a más de 60 mártires que fueron en esa checa asesinados.

Al acabar la misa pregunté al párroco si quedaban restos de la antigua checa y me informó de que en el sótano de la iglesia había una pared con manchas de sangre e impactos de balas, pero el horno de cremación y el pozo donde se arrojaban los cadáveres los habían hecho desaparecer. Se podía visitar ese sótano a partir de las 6 de la tarde, pero no sentí ningún interés por ello, pues temí que sería una experiencia demasiado inquietante.

Regresé a mi casa afligido, con el corazón contrito.

La iglesia de San Elías en Barcelona.

FRANCIA

9 – EL CASTILLO CÁTARO DE MONTSÉGUR

Cuando llegué a la villa de Montségur ya era de noche. Caminé en la oscuridad y enfilé la senda que me llevaría a la cima de la montaña del Pog, de unos 1200 metros de altura, lo que me tomó algo más de una hora, hasta arribar a las ruinas del castillo de Montségur, famoso por haber sido refugio de cátaros.

La Iglesia cristiana, al considerar herejes las doctrinas que predicaban los cátaros y comprobar el poder que iban adquiriendo en el sur de Francia, emprendió una cruzada contra ellos. A mediados del siglo XIII la ciudadela de Montségur fue asediada y, al rendirse sus defensores, sus líderes y unos 200 de sus seguidores cátaros fueron quemados en una hoguera. Tras ello, el catarismo fue prácticamente erradicado. Se dice que algunos cátaros escaparon de la hoguera y se llevaron con ellos el Santo Grial al monasterio aragonés de San Juan de la Peña y, posteriormente, esta reliquia sagrada sería depositada en la catedral de Valencia, en España.

Los cátaros eran ascetas de creencias gnósticas y no se casaban para no tener descendencia, pues consideraban el mundo como un producto del mal. Sus doctrinas estaban inspiradas en las de los bogomilos, un movimiento de Bulgaria y países vecinos de la península de los Balcanes que introducían en su liturgia principios del cristianismo primitivo.

Otra secta relacionada con los cátaros y los bogomilos fue la de los "jlistís" –o "khlysty"–, nombre derivado de la palabra Cristo en ruso. Fue un grupo que se separó de la secta cristiana ortodoxa

de los viejos creyentes en el siglo XVII, en Rusia. Durante sus ceremonias se azotaban, danzaban en círculo cantando y rezando
a la vez hasta entrar en trance, tras lo cual se entregaban a una
desenfrenada orgía sexual mezclándose entre todos. Una vez aca-
bado el rito se arrepentían amargamente de él. Afirmaban que,
para alcanzar la unión con Dios, primero se tiene que pecar para
después arrepentirse y de este modo ser perdonado, purificarse
y alcanzar la gracia. Se especula sin ningún fundamento que el
monje ruso Gregori Rasputín se unió a esta secta, pero, por un libro que escribió su hija sobre él, se desmiente rotundamente esta
afirmación, aunque como estudioso sobre el cristianismo en todas sus derivaciones, Rasputín se interesó por conocer más sobre
los jlistís de manera teórica. Gala (Elena Diakonova), la esposa
rusa del pintor español Salvador Dalí, fue probablemente una
aficionada a las prácticas de los jlistís.

Con todos estos datos sobre la historia del catarismo en mente ascendí la montaña ilusionado por pasar la noche en un sitio
tan inusual e inquietante. No me encontré con ningún guardián,
por lo que, tras caminar por entre las piedras por un rato, acabé
desplegando mi saco de dormir sobre el suelo y me acosté con-
templando el cielo estrellado. No había techo, pero no llovió.
Me costó conciliar el sueño imaginando que siglos atrás habían
pernoctado centenares de cátaros en ese castillo.

Anteriormente ya había dormido en otros sitios que –según
consideraba- poseen baraka –o bendición–, como fueron el interior de los círculos formados por las piedras de Stonehenge
(Reino Unido), las ruinas de Machu Picchu (Perú) y a los pies de
la Esfinge de Guiza (Egipto).

Dormir en las ruinas del castillo de Montségur fue una experiencia inquietante, la más inquietante que recuerdo haber vivido
en la Francia continental.

El castillo cátaro de Montségur.

10 – LAS ISLAS DE LA SALVACIÓN EN LA GUAYANA FRANCESA

En el año 1997 visité los países de Guyana más Surinam y, de paso, aproveché para conocer la vecina Guayana Francesa, que constituye una región y departamento de ultramar de Francia.

Los países de Guyana y Surinam no me causaron ninguna inquietud, y si viajé a ellos fue por mi objetivo de conocer la totalidad de los países registrados en las Naciones Unidas.

No fue lo mismo con la Guayana Francesa, región que exploré durante una semana y en la que experimenté varios momentos inquietantes: desde encontrarme con un –probable– antiguo reo del infame presidio de las islas de la Salvación -îles du Salut en francés-, al lanzamiento de un cohete Ariane desde el puerto espacial de Kourou, pasando por el mercado central de Cayena, donde observé una gran e inesperada comunidad de inmigrantes vietnamitas.

De todos estos lugares inquietantes el que más me impactó fue la isla Real –île Royale en francés–, una de las tres que componen las islas de la Salvación.

Como al cruzar desde Surinam a la Guayana Francesa no encontré transporte local a la capital Cayena (Cayenne), a 260 kilómetros de distancia, comencé a practicar el autostop y pronto me recogió un hombre muy extraño en su destartalado vehículo, que él llamaba *bagnole*. Debía sobrepasar los 70 años de edad y estaba muy delgado, pero se le notaba fuerte y musculoso. Tenía tatuajes hasta en las orejas y dirigía la mirada de un lado a otro con una velocidad vertiginosa que hacía que me sintiera incómodo. Sus gestos eran frenéticos y apenas me habló. Él no iba a Cayena, pero me dejaría a la salida de Saint Laurent du Maroni, a pie de la carretera principal, un lugar muy conveniente para tener éxito con el autostop.

Ese hombre me inquietó de tal manera, sobre todo su mirada fija y penetrante al despedirnos, que todo ese día y toda la noche pensé en él; creo que hasta lo soñé. No era una persona ordinaria, tampoco era un viajero y, sin embargo, su mirada denotaba haber tenido un pasado misterioso e intenso. No estoy seguro, pero apostaría a que se trataba de un ex presidiario de las islas de la Salvación, de los muchos que el gobierno francés liberó al cerrar el infame presidio en el año 1953 y prefirieron quedarse en la Guayana Francesa antes que regresar a Francia. No osé preguntárselo porque estoy convencido de que él debió de tomarme por un ser insignificante, un estúpido turista que se gastaba una gran cantidad de dinero para volar al otro lado del océano Atlántico para visitar un territorio selvático.

Me alojé tres días en la exótica Cayena, pasados los cuales me dirigí en autobús a Kourou, pues dio la casualidad de que el lanzamiento mensual de un cohete Ariane se llevaría a cabo al día siguiente, según previsiones, y no me lo quería perder, cuanto más que era gratuito y los franceses se sentían muy orgullosos de que los turistas se interesaran por él. De haberlo sabido antes podría haber hecho una solicitud escrita para contemplar el lanzamiento desde la misma base, pero ya era tarde. No obstante, la ubicación de la colina donde me instalé era también un sitio muy estratégico.

Como los lanzamientos se efectúan de noche, la siguiente mañana compré un billete de barco para visitar un lugar insólito en la Guayana Francesa: las islas de la Salvación.

Por unos folletos que me regalaron, supe que, en realidad, el archipiélago se llamaba antiguamente islas del Triángulo y luego el nombre se transformó en islas de la Salvación. Se componen de la isla del Diablo, la isla Real y la de San José, las cuales fueron utilizadas por casi cien años como prisión de alta seguridad. En la primera, encerraban a los presos políticos, como el famoso Capitán Dreyfus (militar francés de origen judío acusado injustamente de espionaje); en la segunda, a los "incorregibles", como Henry Charrière (alias Papillon); y en la de San José, a los que habían intentado fugarse, que eran castigados con la soledad de seis meses a cinco años en una celda diminuta, y por ello también se la conocía como "la isla del Silencio".

La única isla donde permiten el acceso es la Real, que te dejan recorrerla a placer. Allí vi una iglesia con frescos de un preso artista, un albergue con camas, un hospital, un convento de monjas abandonado, la antigua escuela para los hijos de los carceleros, un restaurante, las celdas, las barracas administrativas y una pista para helicópteros. Había muchos animales sueltos, como iguanas, otros que se asemejaban a los ornitorrincos, gallos salvajes, pavos, etc.

Las islas vecinas del Diablo y de San José se divisaban desde un montículo. Todas eran islas malditas, paraísos convertidos en infiernos, y se respiraba horror al recorrer las instalaciones y pensar en los sufrimientos de los que allí tuvieron la desgracia de vivir y morir, pues pocos eran los que sobrevivían a los años de encierro debido a la escasez de comida, enfermedades tropicales y deficiente higiene. Esa sensación de sobresalto e inquietud se veía aumentada por el sobrevuelo constante de aviones militares, pues, en la actualidad, esas islas pertenecen al ejército francés.

Regresé a última hora de la tarde a la colina de Kourou y esperé el lanzamiento del cohete Ariane, experiencia que sería menos inquietante.

Los barracones de presos de la isla Real.

11 – LA ISLA DE SAN PABLO EN LAS TIERRAS AUSTRALES Y ANTÁRTICAS FRANCESAS

Las islas de Crozet, Kerguelen, San Pablo y Ámsterdam forman las "Terres australes et antarctiques françaises" (TAAF). Son tan ricas en vida animal que en ellas uno se siente en un mundo perdido perteneciente a un lejano pasado.

Debido a que no existen aeropuertos en esas islas, el único modo de acceder a ellas es mediante un buque científico francés que varias veces al año zarpa desde la isla francesa de la Reunión, en el océano Índico. En cada derrota solo aceptan un número muy limitado de turistas, dando preferencia a aquellos que tienen familiares en las islas. La dotación la compone científicos, biólogos, meteorólogos, el personal de mantenimiento, los cocineros, etc.

Además de diferentes clases de pingüinos y focas, en esas islas se pueden observar elefantes de mar, leopardos de mar, ballenas, orcas, albatros, petreles y muchas otras aves.

En el año 2005 el viaje completo en el buque Marion Dufresne me tomó 30 días con 29 noches. Desde Reunión a Crozet –la primera isla– hay seis días de singladura, tres más hasta la isla de Kerguelen, aún dos hasta Saint Paul y unas pocas horas hasta Ámsterdam. El regreso de Ámsterdam a Reunión demora otros seis días. Aparte de los malgaches, –los nativos de Madagascar–, que se desempeñaban de maquinistas en las bodegas del barco y raramente se mezclaban con el equipaje o con los turistas (hasta comían aparte sus platos exóticos a base de arroz con curry, canela y otras especias), el resto de la tripulación era francesa. Yo fui el único no francés ni malgache.

Cada día había a bordo charlas de los biólogos y de los meteorólogos acerca de la Antártida y su prolija vida animal, sobre el cambio climático y de la capa de ozono, etc. También nos mostraron numerosos documentales en una sala de cine. Además, un guía nos acompañaría durante todas las excursiones explicándonos la flora y la fauna de las islas.

Todos estábamos muy ansiosos por arribar a la primera isla, Crozet, que en realidad es un archipiélago compuesto por cinco islas volcánicas, siendo la más grande la que alberga la base antártica, que en francés escriben L'île de la Possessión. Aterrizamos en ella por medio de un helicóptero de 5 plazas, ya que esas islas carecen de puertos y únicamente poseen pequeños malecones para balsas. El piloto del helicóptero era extremadamente cuidadoso y elegía una ruta zigzagueante para no sobrevolar los nidos de albatros.

En Crozet moran el pingüino real, que llega a medir 90 centímetros (el pingüino más alto del mundo es el emperador, que mide unos 120 centímetros), y el pingüino papú, que alcanza los 75 centímetros. Los científicos me aseguraron que Crozet posee la mayor concentración de pingüinos por kilómetro cuadrado en todo el mundo.

Nuestro siguiente destino era la isla de Kerguelen, que es más grande que las islas de Crozet, San Pablo o Ámsterdam. Los franceses la comparan a Córcega debido a su superficie.

En Kerguelen dormimos en refugios básicos, espartanos pero acogedores, y debíamos llevarnos nuestros sacos de dormir, pues carecían de calefacción. Los "lavabos" se hallaban en la naturaleza virgen, en el exterior, en plena intemperie, junto a los elefantes de mar y pingüinos.

Tras Kerguelen navegamos hacia la isla de San Pablo (Saint Paul). El Marion Dufresne no siempre realiza una escala en esa isla, pero sucedió que coincidimos con la época de substituir los alimentos y medicinas que, según las leyes de navegación, los gobiernos están obligados a depositar en sus islas deshabitadas para poder socorrer a los marinos en caso de naufragio, o a los aventureros que efectúan vueltas al mundo en solitario en sus veleros.

Saint Paul tiene una superficie de unos 7 kilómetros cuadrados y consiste en el cráter de un volcán sumergido.

El capitán del Marion Dufresne echó el ancla frente a la caldera y volamos con el helicóptero para permanecer en la isla y recorrerla a nuestro antojo durante unas 5 horas.

Se substituyeron las medicinas y comida que había en una barraca por otros productos frescos. En una libreta de notas leí las impresiones de los aventureros que habían pasado por allí, agradeciendo las latas de comida que encontraron.

Había infinidad de pingüinos sobre las paredes del volcán. En algunas partes no se veía el color de la montaña, sino el de los pingüinos y focas apiñadas. Nos explicaron que allí vivían dos clases de pingüinos: uno era el gorfou macaroni, que suele medir unos 70 centímetros de altura, y el otro tipo era el gorfou sauteur, porque salta, y es algo más bajo que el gorfou macaroni. Ambas especies son muy simpáticas por sus pelambreras de color amarillo en la cabeza, que en realidad son plumas. Hasta no hace mucho tiempo esos pingüinos eran cazados para hacer con ellos aceite, pero hoy en día están protegidos.

Escalé hacia el pico del volcán. Por el camino debía ceder el paso a los simpáticos pingüinos que, mediante saltitos, iban subiendo a buscar su sitio.

Las focas también subían, aunque un poco más torpemente al carecer de patas; primero arrimaban el lomo al montículo a subir y a continuación impulsaban las aletas de la cola. Forman cobijos entre las hierbas, o en grutas.

Al descender, observé que detrás de la barraca había un letrero de piedra con la siguiente inscripción:

> "Passage de Venus sur le Soleil
> Observatoire
> Mission Française
> 9 Dec. MDCCCLXXIV
> L 26 52 51
> L 7511 00".

Y justo al lado noté varias tumbas. Fue entonces que el guía nos explicó que a esa isla se había despachado una expedición científica francesa durante el siglo XIX para observar el tránsito del planeta Venus. Y en el año 1928 se estableció en ella una sociedad pesquera de nombre La Langouste Française formada por siete personas –entre hombres y mujeres–, pero pronto tres de ellas, junto a un niño recién nacido en la isla, murieron a causa del escorbuto, mientras que un cuarto desapareció y moriría en el mar. Los tres supervivientes fueron evacuados a Francia. Pocos años después se estableció de nuevo la compañía pesquera con unas 130 personas, entre franceses y malgaches, pero al poco tiempo murieron 30 malgaches de beriberi, por lo que se desmanteló la empresa definitivamente. Desde entonces sigue deshabitada.

Esa información sobre la isla de San Pablo me inquietó e hizo que me sintiera muy afligido.

De San Pablo navegamos hacia la vecina isla de Ámsterdam, que alberga una enorme cantidad de focas. Días más tarde iniciamos el regreso hacia la isla de la Reunión.

Vista de la isla de San Pablo y la bandera de TAAF.

GRECIA

12 – DIEZ DÍAS EN EL MONTE ATHOS

Cuando entré en Grecia proveniente de Macedonia del Norte no era mi intención visitar el Monte Athos, pues tenía entendido que, al ser un territorio de carácter teocrático dependiente del Patriarcado de Constantinopla, el acceso era muy difícil y solo permitido a estudiosos del arte sacro o a peregrinos cristianos ortodoxos, y yo no era ni lo uno ni lo otro.

Sin embargo, ese primer día comprobé que era errónea mi suposición. Al entrar a cortarme el cabello en una barbería de Tesalónica, el peluquero me explicó que se aceptan visitantes extranjeros en el Monte Athos, aunque no tantos como griegos. Cada día podían acceder a la "República Monástica Autónoma del Monte Athos" 100 griegos, pero solo 10 extranjeros, para una estancia máxima de 4 días.

Las mujeres tienen prohibida la entrada, así como los animales hembra, pues los monjes consideran que entorpecen su desarrollo espiritual.

El barbero me explicó también que el Monte Athos alberga veinte monasterios con algunas "sketes", o comunidades de ermitaños. De estos veinte monasterios diecisiete son griegos y los otros tres están habitados por monjes provenientes de Rusia, Bulgaria y Serbia.

Al salir de la barbería pensé: ¿y por qué no trato de penetrar en ese lugar tan inquietante?

Y resolví probar a entrar. En consecuencia, varios días más tarde viajé a Uranópolis, en la frontera con el Monte Athos, para esperar un barco que zarparía a la mañana siguiente hasta el puerto de Dafni, ya en el territorio del Monte Athos.

De madrugada fui al puerto y observé cómo iban embarcando los pasajeros; la mayoría eran monjes barbudos vestidos de negro. Noté que también había varios ciudadanos griegos y tres extranjeros; el primero era un danés estudiante de arte que había conseguido su permiso gracias a la intercesión de su embajada en Atenas. Otro era un monje ortodoxo estadounidense. El tercero era un periodista portugués que vivía en Londres.

El control de documentos en el puerto fue muy poco riguroso, por ello nadie me controló y pude así entrar a bordo del barco.

La travesía fue muy espectacular. Los monasterios medievales, que parecían fortalezas, estaban esparcidos entre las montañas. Al pie de cada uno de ellos el barco hacía una parada en la cual bajaban y subían algunos monjes. Escalamos en Konstamonitu, Dochiariou, Xenofonte, San Panteleón y Xiropotamo.

Llegamos entonces al pueblecito de Dafni, donde nos recogería un autobús con destino a la vecina Karyés, a unos 12 kilómetros de distancia, para la presentación de la documentación.

Fue entonces cuando me escabullí, me confeccioné un bastón de peregrino con una rama de árbol y caminé hasta Simonos Petra, que sería el monasterio más fantástico de todos cuantos visitaría. Su construcción perpendicular sobre dramáticos acantilados verticales imponía.

Me presenté al monje encargado de los visitantes y me hizo pasar a un salón donde me sirvieron una copita de ouzo -de sabor parecido al anís-, un café con el correspondiente vaso de agua, como es costumbre en Grecia, más dos pastelillos gelatinosos a manera de polvorones; era la típica bienvenida de todos los monasterios para con los peregrinos.

Allí me dirían que en el Monte Athos había un monje que hablaba el español, originario de Perú, pero esos días se encontraba en Atenas.

Noté que mostraban más simpatía hacia los peregrinos que llegaban a pie que a los que alquilaban un burro o utilizaban el barco para desplazarse entre monasterios.

A continuación un monje me mostró mi celda –o habitación para los peregrinos– y me entregó una toalla y zapatillas. La vista desde ella era maravillosa. Asomaba la cabeza por el gran balcón y veía los riscos escarpados y el mar. Me sentía alborozado, exaltado, y me estremecí hasta el límite.

De pronto sonaron las campanas. Era la señal para asistir a la misa. Me uní a unos griegos visitantes y entré en el Katholicón –o iglesia–. Normalmente no permiten la entrada en las iglesias a los no ortodoxos, pero como yo era el único extranjero, moreno y con tipo mediterráneo, debieron de tomarme por griego y nadie me detuvo, pudiendo así participar en la misa y sentarme sobre unos sillones de madera con reposabrazos para apoyar los codos.

Había muchos frescos con escenas de los Evangelios. Prácticamente todas las paredes y techos estaban llenos de ellos y representaban motivos religiosos. Vi numerosos iconos, lámparas con incrustaciones de piedras preciosas, como ónice, rubíes, brillantes, esmeraldas, jade, etc., y observé telas de seda y grandes alfombras con bellos diseños orientales. Los monjes, vestidos de negro y luciendo largas barbas, comenzaron a cantar canciones religiosas a coro. Todos portaban en sus manos ejemplares muy antiguos de la Biblia.

Tras la misa pasamos al "trapeza" –o refectorio–, donde la comida era siempre vegetariana. Mientras comíamos, un monje iba recitando en voz alta pasajes del Evangelio. Cuando el abad acababa su comida hacía sonar una campana de bolsillo. El monje entonces cesaba la lectura y todos nos levantábamos, nos santiguábamos a la manera ortodoxa y salíamos afuera, donde unos monjes nos esperaban con el cuerpo inclinado hacia delante, y al pasear siempre nos bendecían deseándonos paz interior.

En todos los monasterios había un museo donde se guardaban las reliquias y objetos más preciosos, todos de un valor incalculable. También había una librería donde vi Biblias de un tamaño que superaba el metro de altura, regalos de zares y emperadores, que habían sido escritas a mano por artistas calígrafos utilizando tinta de oro.

En verdad, los monasterios, tanto por su belleza arquitectónica exterior como por su decoración interna, con frescos de artistas célebres, constituían un museo por sí mismos. Todos eran autosuficientes y disponían de campos de cultivo y silos llenos de trigo. Observé un pequeño cementerio donde conservaban las calaveras y otros huesos de todos los monjes fallecidos.

El abad invitó a media tarde a la biblioteca a un grupo de peregrinos que habían llegado ese día, unos quince, a tomar café y un dulce que llamaban baklava, para conversar sobre temas religiosos. Aunque yo no hablaba griego, pude comunicarme en inglés.

La vida en los monasterios era completamente gratis para todos los peregrinos. Como solo permitían un día de estancia, al siguiente, tras desayunar, tomé mi bolsa y bastón de peregrino y emprendí la marcha a pie con dirección al sur, en busca de otro monasterio, hasta que al cabo de unas 4 horas arribé a uno llamado Gregoriou. Atravesé gargantas, selva frondosa y observé playas paradisíacas, mucha pineda y hermosas flores. Caminaba rápido, casi sin hacer paradas, pues quería disfrutar del máximo de tiempo en los monasterios.

Siempre procuré llegar a los monasterios antes de la puesta del sol, cuando los portones se cierran hasta el amanecer y ya no aceptan a nadie.

El tercer día arribé a un pequeño monasterio llamado Dionisius, que era muy acogedor.

A media tarde bajé a la cocina y ayudé a los cocineros a pelar berenjenas griegas. Un monje que observó mi predisposición a participar en las faenas del monasterio me tomó mucha simpatía y me habló sobre la fe ortodoxa.

Los monjes trabajan 8 horas al día, rezan otras 8 y las 8 restantes descansan.

El cuarto día me alojé en el monasterio Agiou Paulou. Tras él, visité Stavronikita; luego, Coutloumousiou, Iviron, Karakolou y Philotheu. Y así, caminando cada día alcanzaba un monasterio diferente donde, tras depositar mi bolsa en mi celda y beberme el ouzo de bienvenida, participaba en la vida cotidiana de los monjes, asistía a las misas y entraba en las bibliotecas y museos para aprender más acerca de la fe ortodoxa, con la lectura de algunos libros.

Mi siguiente monasterio fue el más grande y el más antiguo: Megistis Lavras, erigido en el año 963.

El último monasterio que visité fue el ruso, llamado San Pantaleón –o Aghiou Panteleimonos–, donde se estaban celebrando las fiestas de su patrón, el zar Vladimir I, el que introdujo el cristianismo en todas las Rusias. Una de las características de ese monasterio es su enorme campana de 15.000 kilos, que constituye la segunda de más peso en el mundo.

El undécimo día bien temprano, tomé en Daphne el barco de regreso a Uranópolis, sintiéndome inmensamente feliz por haber visitado en diez días once monasterios asombrosos.

El monasterio Simonos Petra en el Monte Athos.

13 – LA GRUTA DEL APOCALIPSIS EN LA ISLA DE PATMOS

Desde el oeste de Turquía me propuse regresar a España por tierra y por mar, sin tomar un avión. En consecuencia, navegué desde el puerto turco de Kusadasi hasta la isla griega de Samos, y dos días más tarde atraqué por medio de otro barco en la isla de Patmos. Desde el puerto subí por una colina durante unos 30 minutos, hasta que alcancé el monasterio de San Juan el Teólogo, fundado en el siglo XI por Christodoulos, un monje de Asia Menor.

El nombre de Apocalipsis me inquietó sobremanera y fue lo que motivó mi visita a la isla de Patmos, pues en ella se localiza la gruta desde donde Juan de Patmos tuvo sus visiones y escribió dicho libro del Nuevo Testamento, Apocalipsis.

El monasterio parecía una fortaleza y era espectacular. En su interior se localizaba la gruta del Apocalipsis. A pesar de ser muy temprano, los portones estaban abiertos. Adentro estaban celebrando su fundación por el monje Christodoulos, y se repartía vino y bollos de nata. Al verme, los monjes me invitaron a participar del refrigerio.

Entré en la gruta del Apocalipsis, donde Juan de Patmos recibió sus visiones y las dictó a su discípulo Prócoro.

El penetrar en esa gruta siendo sabedor de su importancia bíblica no solo me inquietó sino que, además, me emocionó. La historia del libro del Apocalipsis y sus profecías hicieron que me sintiera en un lugar trascendental.

Rogué al archimandrita que me diera su permiso para alojarme en el monasterio, aunque fuera tumbado sobre mi saco de dormir en el interior de la gruta del Apocalipsis, pero, al ser ese un día especial, todas las celdas estaban ocupadas esa noche con huéspedes venidos desde otras islas griegas, incluso desde Atenas, y tenían preferencia sobre los peregrinos extranjeros, como yo.

En una tienda un monje vendía el Libro de la Revelación y postales de los sitios más sagrados, así como pequeños iconos de madera. Le compré una postal y hacia la media tarde, cuando comprobé que ya había visitado el monasterio por todas partes, por delante y por detrás, por dentro y por fuera, por arriba y por abajo, descendí al puerto de Skala para pasar la noche y a la mañana siguiente abordé un barco hacia El Pireo.

Entrada a la gruta del Apocalipsis en la isla de Patmos.

ITALIA

14 – POMPEYA

Con base en Nápoles, en un solo día me dio tiempo a realizar una excursión alrededor del volcán Vesubio y explorar las antiguas ciudades de Pompeya y Herculano. El tren Circumvesuviana me dejó justo en la caseta de venta de billetes de entrada al sitio de Pompeya, un lugar que sería de los más inquietantes que visitaría en Europa.

Todo estaba muy bien organizado allí. Con la compra del billete me facilitaron folletos en español, lengua que todos los empleados hablaban, de lo cual me alegré. No llevaba un parche con la bandera de mi país en mi bolsa de viaje, ni un sombrero cordobés sobre mi cabeza, ni tocaba las castañuelas por la calle; sin embargo, siempre los empleados adivinaban mi nacionalidad y me hablaban en español directamente. Lo encontré curioso.

El sitio era enorme. Calculé que necesitaría un mínimo de 3 horas para explorarlo bien. Había hasta una cafetería donde uno podía hacer una pausa y comer o beber algo. Los guardianes de las ruinas, además de darte información, te indicaban dónde no se podía entrar por el peligro. Las calles llevaban nombre y estaban empedradas. Leyendo los letreros ante cada casa entré en la que había sido una panadería o un palacio, en la mansión de un noble, en un templo dedicado a Júpiter y en otro dedicado a Apolo, en la basílica, en los baños termales. En muchas casas había restos de frescos y mosaicos. Vi también cadáveres calcinados en un museo.

Diversos guías turísticos conducían grupos llegados a Sorrento en cruceros. Oí a uno de ellos que explicaba que en el momento de la erupción del vecino volcán Vesubio se encontraban en Pompeya unos 15.000 habitantes, de los cuales se han localizado restos de unas 2000 personas, cifra que probablemente será más alta cuando se desentierren más cadáveres en el futuro. La muerte de todos ellos fue instantánea por haberse expuesto a una temperatura entre los 300 y los 600 grados centígrados.

Cuando me pareció que ya había explorado suficientemente bien Pompeya, me desplacé a Herculano, un sitio que, aunque mucho más pequeño, ofrecía una sensación menos trágica que la de Pompeya. Y tras Herculano me dirigí al cono del volcán Vesubio para rodearlo.

Me hallo en las ruinas de Pompeya.

15 – LA ABADÍA DE MONTECASSINO

Me encontraba en el sur de Italia y me dirigía al puerto de Civitavecchia, cercano a Roma, para abordar un ferri con destino a Barcelona, en España. Consulté un mapa y me di cuenta de que el tren hacia Roma efectuaba una parada en la ciudad de Cassino, desde donde podría visitar la abadía de Montecassino, establecida el año 524 por san Benito de Nursia, el fundador de la orden benedictina.

Esa abadía también es famosa por los acontecimientos bélicos que se desarrollaron en ella durante la Segunda Guerra Mundial, cuando soldados alemanes se refugiaron en los alrededores y los aliados (principalmente los Estados Unidos de América) la bombardearon, dejándola en ruinas.

Llegué a la estación de trenes de la ciudad de Cassino y de allí caminé al centro. Serían las 6 de la mañana. Una vez que desayuné en una cafetería, pregunté a los locales por la abadía y me señalaron con el dedo una colina: allí en lo alto estaba. Como el primer autobús que te llevaba a la abadía salía a las 11 de la mañana y no quería gastarme el dinero en un taxi, resolví caminar hacia ella como un peregrino. Cada media hora hacía un alto para apreciar el panorama. Por el camino vi cementerios, muchos cementerios; casi toda la colina se hallaba rodeada de cementerios. Esa visión inesperada me inquietó.

Al cabo de unas dos horas alcancé el monasterio. Todavía estaba cerrado al público, pero un portero de origen africano me dejó esperar en los jardines.

Cuando llegó el vendedor de los billetes le compré uno, fui el primer visitante del día. En la entrada estaba escrito: Benedicti Numine Sancta. Visité la iglesia, el museo con sus manuscritos antiguos, pinturas y estatuas. También me sedujeron las vistas de los alrededores desde los ventanales. Al cabo de tres horas de visita me sentí satisfecho.

Cuando me dispuse a regresar a pie a Cassino, un monje me recordó de haberme visto en la iglesia, paró su coche y me invitó a trasladarme a la ciudad.

La visita fue muy didáctica. No obstante, debido a mi inquietud por la vista del gigantesco cementerio y saber que en la conocida como "Batalla de Montecassino" habían muerto allí unos 75.000 soldados (entre alemanes y de los países aliados), me entristeció.

La abadía de Montecassino.

16 – EL VOLCÁN DE STROMBOLI

En la ciudad de Palermo (isla de Sicilia) tomé el tren con destino a Milazzo, para abordar un ferri a la isla de Stromboli, una de las siete principales que componen el archipiélago de las Eolias. Tal vez en la elección de Stromboli tuvo algo que ver la película "Stromboli, Terra di Dio", interpretada por Ingrid Bergman, que había visto de niño. Además ¡qué caramba! la palabra Stromboli suena muy bien al oído, evoca aventura, exotismo, emociona tan solo pronunciarla, como Tombuctú, Samarcanda, o Pernambuco.

El ferri iba haciendo escalas en diferentes islas, lo cual me daba la oportunidad de admirarlas de cerca y hasta de descender brevemente durante dichas paradas.

No fue difícil encontrar alojamiento al llegar a Stromboli; en el puerto esperaban los dueños de los pocos hostales que allí había.

Pretendía realizar senderismo hasta el volcán al día siguiente, pero un matrimonio de belgas que viajaban en el mismo ferri me convenció para que los acompañara esa misma noche, con ayuda de linternas de espeleólogos que portaban. Ambos eran muy aventureros y me enumeraron los principales trekkings que habían efectuado por todo el mundo, sobre todo en las montañas del Himalaya. También habían realizado el Camino de Santiago a pie. Acabamos alojándonos en el mismo hostal y, después de dejar las bolsas en nuestras habitaciones respectivas, partimos hacia el volcán. La caminata nos tomaría algo más de dos horas hasta arribar al cráter a través de senderos sinuosos. Cada diez o quince minutos se producía una erupción. El ver el fuego, el humo y el lanzamiento de la lava desde tan cerca nos emocionaba hasta el máximo de los extremos. Esa visión era inquietante, pero más lo eran los rugidos del volcán cada 30 minutos.

Al ascender a nuestro objetivo el espectáculo que teníamos ante nuestros ojos era majestuoso y nos hacía sentir pequeños, insignificantes. Permanecimos en un estado de recogimiento junto al volcán durante una hora.

Al regresar al pueblo lo celebramos cenando en la única pizzería abierta a esas horas. Por la mañana visité la iglesia y me paseé por los callejones hasta que se hizo el mediodía, cuando abordé un ferri que me devolvió a Milazzo.

El ferri que me trasladó a la isla de
Stromboli y su volcán.

MOLDAVIA

17 – TIRASPOL, LA CAPITAL DE UN PAÍS QUE NO EXISTE

Desde Chisinau, la capital de Moldavia, viajé en furgoneta hasta la frontera con Transnistria, una región rebelde que, tras la descomposición de la Unión Soviética, se negó a formar parte de Moldavia y declaró su independencia.

Los soldados moldavos de la frontera no hicieron ni caso a nuestra furgoneta y el conductor prosiguió su camino. Al llegar al lado transnistrio vi tanques tras unos árboles y multitud de soldados con uniformes de camuflaje armados hasta los dientes. Todos los pasajeros descendimos para el control de pasaportes. Comencé a sentirme inquieto.

En un cuarto rellené una hoja con mis datos. Era muy importante anotar la dirección donde uno iba a alojarse en Transnistria. Al entregar el formulario, el soldado se dio cuenta de que era extranjero y me pidió un bono del hotel donde iba a pernoctar en Transnistria, o bien una invitación de un nativo, en cuyo caso debería indicar la dirección.

En el apartado de alojamiento del formulario había anotado el hotel Timotei, aconsejado por unos pasajeros de mi autobús, aunque no tenía reserva en él.

El soldado me dijo que sin el bono del hotel no me podía dejar pasar y me invitó a entrar en un despacho, donde me dejó a cargo de su superior, un coronel que me pidió 25 euros para corregir la "anomalía" de carecer de bono en el hotel Timotei.

Yo argüí y le dije, mintiéndole, que había telefoneado al hotel Timotei y me habían confirmado que podría ir, pues disponían de habitaciones libres, pero debido a mi urgente petición de reserva, justo esa mañana, no había tenido tiempo de gestionarla oficialmente, pero en la recepción del hotel tenían nota de mi llegada y me esperaban.

Me informó entonces de que si regresaba ese mismo día a Moldavia, no pasando más de diez horas en el país, el permiso de entrada a Transnistria era gratuito.

Pero yo quería pasar, al menos, un día y una noche en Tiraspol.

Le pregunté al coronel:

—Y si estoy solo dos días ¿cuánto vale el permiso?

—Entonces 10 euros –me contestó–. Te había pedido 25 euros al principio para que pudieras disfrutar de tu visita a Transnistria cinco días. Cada día cuesta 5 euros.

Saqué de mi bolsillo un billete de 10 dólares americanos y se los entregué, diciéndole:

—No tengo euros, pero sí dólares americanos. Aquí va el pago por dos días.

El coronel no pareció complacido, pues el valor del dólar era inferior al del euro, pero acabó aceptando el billete, que rápidamente introdujo en un bolsillo de su casaca y escribió a mano en mi formulario que regresaría a Chisinau dos días más tarde. No me entregó ningún recibo.

Al despedirnos, el coronel sonrió y nos estrechamos las manos.

Tras las formalidades fronterizas cruzamos el río Dniéster y entramos en Tiraspol.

Todos los letreros en esa ciudad estaban escrito en ruso, absolutamente, no vi ningún letrero en moldavo u otra lengua. Había casas de cambio por las calles donde por un 1 euro te entregaban 13 rublos transnistrios. En una de ellas cambié 50 euros.

Entré en la oficina de Correos para comprar una postal y sellos. Pagué con rublos transnistrios. Al preguntar si tenían un mapa de Transnistria no me entendieron, y eso que mi ruso es fluido y muy aceptable. Un ruso que estaba haciendo cola detrás de mí me reprendió en lengua rusa:

—¡Ese nombre de Transnistria es malicioso! Lo usan los moldavos y los países capitalistas que están en contra de nuestra soberanía. ¡Nuestro país se llama Pridnestrovye!

La empleada de Correos entonces comprendió y me defendió. Le dijo al señor que así conocen en Europa Occidental a su país, por lo que yo no era culpable. El hombre entonces se calmó y me miró de modo benevolente.

Acabé comprando un mapa de Transnistria. El nombre oficial del país en ruso es: Pridnestrovskaya Moldavskaya Respublika, que abrevian como Pridnestrovye. En español es República Moldava Pridnestroviana.

La postal que compré con sellos transnistrios llegaría a su destino semanas más tarde.

Tiraspol, cuyo significado proviene del nombre del río Dniéster en griego (Tiras) y de ciudad (polis), fue fundada en 1792 por Alexander Suvorov, el gran generalísimo ruso que jamás perdió una batalla y durante las guerras vivía como un soldado más, de manera espartana, por lo que todos le adoraban. Una estatua ecuestre se erguía en su honor en medio de una gran plaza. Tan apreciado es ese generalísimo en Transnistria que aparecía en los billetes de 1 rublo transnistrio.

Sabía acerca de la historia de Transnistria gracias a un profesor moldavo que había conocido días atrás en la Unidad Territorial Autónoma de Gagauzia, quien me contó que, desde la conquista rusa de ese territorio y la fundación de Tiraspol por el Generalísimo Suvorov, los rusos siempre han estado en Transnistria. Cuando surgió la Unión Soviética se creó un Territorio Moldavo Autónomo dentro de la República Socialista Soviética de Ucrania. Pero tras el Pacto Ribbentrop-Molotov de 1939 entre la URSS y la Alemania nazi, cuando alemanes y rusos se dividieron Polonia, los rusos invadieron los tres países bálticos de Letonia, Lituania y Estonia, más la región de Besarabia, que pertenecía a Rumanía, que unieron al Territorio Moldavo Autónomo, creando así la República Socialista Soviética de Moldavia.

Durante la Perestroika de Gorbachov, el Gobierno de la República de Moldavia impuso como lengua oficial única el rumano, por lo que los rusoparlantes de Transnistria, adivinando que los moldavos tenían la intención de unirse a Rumania, declararon su independencia. Surgió la guerra entre la República de Moldavia y Transnistria. Los moldavos recibieron ayuda militar de Rumanía, mientras que los rusos de Transnistria fueron ayudados por voluntarios rusos, por los legendarios cosacos ucranianos del Don y de Kuban y hasta por el gobierno de Rusia, país que puso a disposición de los separatistas su colosal depósito de armas de su División XIV –el mayor arsenal de Europa–, que desde 1956, temiendo una tercera guerra mundial, todavía hoy conserva en Tiraspol y de donde se abastece al mercado negro internacional de armas.

En julio del 1992, los transnistrios, gracias a su superioridad armamentística y de soldados, ganaron la guerra, que produjo en ambos bandos unos mil muertos y cerca de cinco mil heridos. Pero los moldavos siguen sin reconocer la soberanía de Transnistria.

Cuando empezó a oscurecer me preocupé por buscar un alojamiento. Entré en el hotel Timotei (donde se alojaban los árabes que viajaban a Transnistria para inspeccionar las armas que se proponían comprar en el mercado negro) pero el precio más barato por una habitación individual para un extranjero no bajaba de 50 euros. Pregunté por un hotel más económico, tipo dormitorio compartido con otros clientes y los recepcionistas me dieron las señas del hotel Aist, nombre que en ruso significa "cigüeña". Llegué a él y me encantó por la atmósfera "soviética". Era un hotel antiguo, de los tiempos de Intourist –la agencia que se ocupaba de los turistas en la antigua URSS–. Estaba situado a orillas del río Dniéster y desde la ventana de mi cuarto individual, por el que pagué 30 euros por mi estancia de dos días (a razón de 15 euros por noche), tenía vistas espectaculares de la ciudad y del Dniéster, río de 1300 kilómetros de longitud que nace en Ucrania y forma frontera entre ese país y la República de Moldavia y, al mismo tiempo, entre la República de Moldavia y Transniester.

El día siguiente lo dediqué a recorrer lugares pintorescos de la ciudad de Tiraspol, que cuenta con unos 200.000 habitantes. Entré en sus museos, supermercados y en su bazar. Ese día no paré de hacer amistades locales y todos se asombraban al encontrarse con un español que hablaba su lengua.

Junto a la plaza principal observé en la fachada de un edificio las banderas de Osetia del Sur y de Abjasia. Entré en el edificio y comprobé que eran una suerte de "embajadas", pues Osetia del Sur y Abjasia son dos de los tres únicos países –el tercero es la República de Artsaj– que reconocen la independencia de Transnistria y, en reciprocidad, Transnistria reconoce la soberanía de esos dos países.

Distinguí muchos emblemas de la hoz y el martillo, el mismo que aparece en la bandera de Trasnistria. Había una estatua de Lenin en una plaza central, frente al palacio de la Gobernación y fotos de Vladimir Putin junto a la del argentino Ernesto Guevara. Vi un monumento dedicado a un tanque y numerosos edificios de aspecto estalinista.

Cerca del palacio de Cultura había un gran letrero con la fotografía del presidente de Rusia y el de Transnistria sonriendo, estrechándose la mano, con un fondo destacando el Kremlin moscovita y la frase: "Nuestra fuerza es nuestra amistad con Rusia".

Frente a la estatua de Lenin observé tres memoriales. El primero estaba dedicado a los caídos durante la Segunda Guerra Mundial; otro, a los caídos transnistrios durante la Guerra de Afganistán (entre 1978 y 1992), y el último a la Guerra de Independencia de Transnistria, cuando se separaron de facto de la República de Moldavia.

Paseaba sonriendo a las personas por las calles, pues todas se me mostraron amabilísimas. Sentí la nostalgia de los tiempos cuando había visitado diversas veces la Unión Soviética en los años 80 del siglo XX.

El tercer día me presenté en la estación de tren –que era al mismo tiempo la de autobuses– y abordé una furgoneta hasta la ciudad ucraniana de Odesa.

Había sido una experiencia inquietante visitar Transnistria durante unos días, por ello respiré aliviado al abandonar ese país sin consecuencias, ya que los extranjeros no tienen en él ninguna protección diplomática.

Fotografías de Vladimir Putin y
Ernesto Guevara
en el centro de la ciudad de Tiraspol.

NORUEGA

18 – Los mineros rusos y ucranianos en las islas Svalbard

En mayo del año 2002 volé desde Oslo a Longyearbyen, en las islas Svalbard, con una escala en Tromso. En el aeropuerto de destino me aconsejaron no caminar para llegar a Longyearbyen, debido al peligro de los osos salvajes que andan sueltos por esas islas en busca de algo que llevarse a la boca, y me aconsejaban tomar un taxi. Pero como la ciudad de Longyearbyen se distinguía en la distancia, caminé durante unos 15 minutos hasta llegar a ella.

No fue fútil la advertencia, pues justo cuatro días atrás un oso había atacado a una turista noruega, matándola. Mucha gente por las calles iba armada con escopetas y pistolas, y había letreros triangulares, como los de tráfico, con el dibujo de un oso blanco.

Sentí entonces con gran fuerza que acababa de aterrizar en un sitio de los más inquietantes de Europa.

En la oficina de turismo de Longyearbyen me aconsejaron alojarme en un dormitorio habilitado en una antigua mina de carbón (la número 102), cuyo precio por dormir costaba el equivalente a 40 dólares americanos por noche.

Longyearbyen se visita en un par de horas y mi billete de regreso a Oslo lo tenía programado para tres días más tarde. ¿Cómo emplear provechosamente esos tres días? A casi ningún lugar te dejaban ir solo; se necesitaba un guía armado con un rifle. Y no había servicio de autobuses a ninguna parte, pues la isla está habitada por unas 3000 personas, la mayoría de ellas concentradas en Longyearbyen.

Resolví comprar algún tour por los alrededores, pues no me atraía la idea de quedarme tres días aburrido en Longyearbyen. Una de las excursiones que proponía una agencia de viajes me interesó; consistía en visitar en motonieve la población rusa de Barentsburg, donde vivían unos 1000 rusos y ucranianos que trabajaban extrayendo carbón en las minas. Y la contraté, a pesar de que la encontré cara (pagué por ella unos 400 dólares americanos).

A la mañana siguiente me vino a buscar al alojamiento un empleado de la agencia de viajes y me trasladó en un coche a una base de motonieves. Allí me uní a un grupo de turistas. A cada uno de nosotros nos fue entregada una motonieve individual. Al rato salimos unos diez turistas –nueve noruegos y un español–, conducidos por un guía armado con un rifle y una pistola lanza-bengalas.

La motonieve puede alcanzar los 150 kilómetros por hora, pero nosotros conducíamos a unos 80, salvo en algunos tramos en los que deliberadamente aminorábamos la velocidad para, acto seguido, acelerar hasta alcanzar los 100 y hasta los 110 kilómetros a la hora por un buen rato, lo cual nos emocionaba hasta el límite y hacía que gritáramos alborozados.

Tras unas 3 horas de maravilloso paisaje, con montañas y valles nevados donde hacíamos paradas para disfrutar de la visión de la naturaleza, hacia el mediodía arribamos a Barentsburg, donde vimos a los mineros rusos y ucranianos descansando, pues ese día era el 9 de mayo, fiesta nacional rusa; celebraban la victoria sobre los alemanes en la Segunda Guerra Mundial.

Allí todo estaba escrito en alfabeto cirílico, sin excepción; parecía un poblado siberiano.

Como el almuerzo lo teníamos a las dos de la tarde en el único hotel y restaurante para turistas, tuvimos tiempo libre para visitar el asentamiento.

Barentsburg era autosuficiente. Observé que los habitantes tenían granjas de gallinas y cerdos, invernaderos de tomates, patatas, cebollas, etc., un cine, una iglesia ortodoxa, una estatua de Lenin, un consulado ruso, un museo, un comedor comunal, una tienda de suvenires donde vendían a los turistas desde caviar a matrioshkas, pasando por pins de Lenin, gorros bolcheviques y botellas de vodka.

El ínfimo nivel de vida en esa población rusa contrastaba con la rica Longyearbyen. En Barentsburg los mineros vivían en bloques comunales, estilo estalinista. Allí no había pubs nocturnos ni supermercados con licores de los cinco continentes, ni tampoco hoteles o restaurantes de lujo, ni universidades o bibliotecas. Y tampoco nadie viajaba con motonieve, sino que todo el mundo se desplazaba a pie o en algún camión destartalado ruso perteneciente a algún directivo de las minas.

Al cabo de unas tres horas de estancia, donde uno era libre de visitar las instalaciones rusas, regresamos a Longyearbyen con paradas en los lugares más hermosos por el camino para seguir admirando la naturaleza.

A pesar de que durante el trayecto no observamos ningún oso (acontecimiento que habría apreciado), ese día fue fantástico, el más inquietante de mi estancia en las islas Svalbard.

El busto de Lenin en la ciudad de Barentsburg.

POLONIA

19 – EL CAMPO DE CONCENTRACIÓN DE AUSCHWITZ

Hace unos años, encontrándome en Múnich, un amigo alemán propuso llevarme en su coche al antiguo campo de concentración nazi de Dachau, a apenas unos pocos kilómetros de distancia. Instintivamente me salió una respuesta negativa y no fuimos.

No obstante, en un viaje posterior, cuando regresaba de un largo viaje desde Siberia a España vía terrestre utilizando únicamente trenes y autobuses, al cruzar desde Ucrania a Polonia no me importó detenerme medio día en "Auschwitz Birkenau – Campo nazi alemán de concentración y exterminio (1940-1945)", como denominaba la organización UNESCO a ese lugar.

La entrada al antiguo campo de concentración era gratuita e incluso me entregaron folletos en español con explicaciones sobre las instalaciones. La frase de ARBEIT MACHT FREI que observé a la entrada al campo me recordó a la de SLAVA TRUDU (Gloria al Trabajo) en las ciudades rusas en tiempos de la desaparecida URSS e hizo que me sintiera muy inquieto.

Medio día fue un tiempo suficiente para visitar ambos lugares. Entre Auschwitz y Birkenau caminé los 3 kilómetros de distancia que los separan. No me dejé nada por ver, ni siquiera los barracones de los gitanos, más un horno y un crematorio. De nuevo me inquieté cuando, durante el recorrido, observaba las alambradas y las torretas de vigilancia.

Auschwitz fue el campo de concentración nazi más grande. Se calcula que en él perecieron cerca de un millón y medio de prisioneros, de los cuales la inmensa mayoría eran judíos, pero también allí asesinaron a gitanos, polacos, presos de guerra soviéticos, disidentes políticos e, incluso, soldados republicanos españoles de la Guerra Civil española de 1936 a 1939.

Ese campo de concentración estuvo activo entre los años 1940-1945, hasta que fue liberado por los soldados soviéticos del Ejército Rojo.

Durante buena parte del tiempo que pasé en ese lugar me entraron muchas ganas de llorar. Es más, aunque ese día llegaba de la ciudad polaca de Lublin y aún no había desayunado, no quise hacerlo en la cafetería del museo para no asociar ese refrigerio que me habría tomado a un lugar tan inquietante y, al mismo tiempo, didáctico para comprender mejor la naturaleza humana y la historia de Europa de mediados del siglo XX.

A media tarde proseguí el viaje y me dirigí a la grata, histórica y bella ciudad de Cracovia, donde pasaría esa noche.

La frase "ARBEIT MACHT FREI" en el campo
de concentración de Auschwitz.

REINO UNIDO

20 – LA ERUPCIÓN DEL VOLCÁN SOUFRIÈRE HILLS EN LA ISLA DE MONTSERRAT

Al aterrizar en la montañosa isla de Montserrat (posesión de Reino Unido) un agente de Inmigración a punto estuvo de devolvernos a todos los pasajeros a la vecina isla de San Martín. El volcán de Montserrat, Soufrière Hills, acababa de entrar otra vez en erupción. La capital, Plymouth, estaba desierta y la Policía -para impedir saqueos en las casas- evitaba que la gente se acercara a ella. La mitad sur de la isla estaba cerrada a toda persona, salvo a los militares. Empecé a experimentar una gran inquietud.

Todo el mundo se solidarizó con nosotros, aunque yo era el único turista; todos los demás (18 pasajeros) de mi avión tenían familiares en la isla. Las autoridades pusieron a nuestra disposición autocares para trasladarnos a una población cercana para estar a salvo del volcán: St. John, a unos 15 kilómetros de distancia, ubicada en la parte montañosa de la isla, casi en la cima de la colina Silver Hill.

Nada más llegar, sin siquiera preguntarme si era un afectado por el volcán, me señalaron un refugio para pasar la noche, ya que no existían hoteles en ese pueblo, salvo un "guest house" llamado Rita, que ya estaba lleno de refugiados de Plymouth.

Me asignaron un catre en un polideportivo lleno de más refugiados, donde nos ofrecieron una especie de rancho como almuerzo y cena. Todo era gratuito, transporte, alojamiento y manutención.

Esa ha sido la única vez en mi vida que he sido tratado como un refugiado.

Por lo que me contaron mis compañeros de dormitorio, en Montserrat vivían muchos millonarios ingleses y estadounidenses que se construyeron lujosos chalets y practicaban golf en los innumerables campos. Algunos llegaban a Montserrat desde los Estados Unidos en su avión privado para pasar nada más los fines de semana. Antes de la erupción del volcán vivían en Montserrat 11.000 personas, pero esos días de mi visita (en el año 1997) contaba con apenas 5000. La capital oficiosa de Montserrat se había establecido en la población de Brades.

El que la mitad de la isla estuviera inaccesible suponía para mí un gran contratiempo pues no podría conocerla como hubiera deseado, y tenía mucho interés en ella por el nombre, ya que fue Cristóbal Colón quien la bautizó Santa María de Montserrat durante su segundo viaje porque sus montañas le recordaron el famoso monasterio de la provincia de Barcelona, en España.

Al día siguiente no pude desplazarme a ningún lugar para explorar la isla, ya que muchos pueblos estaban prohibidos y las autoridades habían establecido controles en la carretera. Unos soldados me preguntaron en un control adónde quería ir y la razón, y al contestar que era un turista se rieron de mí y me "invitaron" a regresar al refugio.

Además de recorrer la isla, deseaba hacer amistades con los descendientes de las decenas de miles de irlandeses y escoceses que fueron llevados como esclavos a trabajar en las plantaciones de azúcar y algodón en esa y otras islas del mar Caribe (como Barbados, San Vicente o Granada) a mediados del siglo XVII, durante los tiempos del político y tirano militar Oliver Cromwell tras la conquista inglesa de Irlanda. Hoy se les llama "poor whites" (blancos pobres) o "redleg" (piernas rojas) y suelen vivir en condiciones todavía más precarias que los descendientes de los esclavos africanos.

Debido a la población de origen irlandés y al parecido de Montserrat con Irlanda, a veces se la denomina "la isla Esmeralda del Caribe" y cada 17 de marzo celebran la fiesta de San Patricio. Del aproximadamente millón y medio de irlandeses que vivían en su isla antes de las deportaciones masivas a diversas partes de América por Oliver Cromwell, pocos años después quedaron apenas 500.000 habitantes. Según las crónicas de Irlanda, en el año 1672 más de 6.000 niños y mujeres irlandesas fueron vendidos como esclavos en Jamaica.

El tercer día regresé a la isla de San Martín.

El volcán Soufrière Hills en la isla de Montserrat.

21 – LA ISLA DE PITCAIRN Y LOS AMOTINADOS DEL BOUNTY

Viajar en buques de crucero me resulta raro; no creo que nunca me acostumbre. Sin embargo, para alcanzar algunas islas remotas donde no existe aeropuerto, como es la isla de Pitcairn, abordar un barco constituye el único medio de transporte, a no ser que se posea un velero, lo que no es mi caso. Por ello compré a una agencia de viajes alemana un trayecto en el crucero Maxim Gorkiy, que me transportaría durante dos semanas desde el puerto peruano de Callao a la isla de Tahití, con escalas intermedias en la isla de Pascua (Chile), Pitcairn (Reino Unido) y Fakarava, en el archipiélago Tuamotu (Francia).

Esa travesía me resultaría inquietante, sobre todo al conocer la rocambolesca historia de la isla de Pitcairn.

Tras 9 días de navegación –escalando brevemente en la isla de Pascua–, arribamos a la isla de Pitcairn, de apenas 5 kilómetros cuadrados de superficie.

El buque ancló a unos pocos centenares de metros de la isla, pero el capitán no se decidía a enviar a los pasajeros en las lanchas neumáticas debido a la turbulencia de las aguas.

Al cabo de unas dos horas de espera, se acercaron a nuestro barco nativos de Pitcairn en sus balsas de madera para vendernos suvenires y, finalmente, el capitán accedió a que utilizáramos esas balsas de los isleños en vez de las lanchas de a bordo. A los pasajeros de más de 60 años de edad no se les permitió visitar la isla, pues para acceder a las balsas había que saltar casi un metro al ritmo de las olas, lo cual era peligroso para las personas mayores.

Había que escoger el momento para abordar la balsa contando hasta siete, pues a veces las aguas ascendían por encima de las compuertas y te mojabas hasta la cintura. Una vez en la balsa, uno se tenía que tumbar o ponerse en cuclillas y hasta arrastrarse para agarrarse como fuera a los barrotes de la barandilla, pues no había asientos. Las balsas eran manejadas por los nativos que, con gran destreza, sorteaban las traidoras aguas.

Embarqué en el primer traslado de la balsa. De un total de seiscientos turistas a bordo, apenas ochenta descendimos en Pitcairn. Los demás pasajeros eran jubilados que por su avanzada edad no podían saltar a la balsa. El capitán nos concedió 3 horas de visita.

Al desembarcar en Pitcairn notamos que algunos hombres, con rasgos polinesios, lucían tatuajes maoríes en sus brazos y portaban pendientes en sus orejas. Disponían de motos de cuatro ruedas y se ofrecieron a transportar en ellas a algunos de los turistas hasta la capital y única población de la isla, llamada Adamstown. Los caminos no estaban asfaltados.

Fue justo en el puerto donde conocí y mantuve una corta conversación con un descendiente de Fletcher Christian y me hice una foto junto a él. Me sentí partícipe de la historia del motín del Bounty.

Esas tres horas en Pitcairn fueron muy intensas. Tras ascender a pie la espinosa colina, denominada acertadamente en inglés Difficult Hill, alcancé Adamstown.

Allí había una plazoleta donde se ubicaban la oficina de correos, la iglesia Adventista del Séptimo Día –que albergaba, como si fuera un tesoro, una antigua Biblia–, el ayuntamiento (donde se podía entrar para mirar las fotografías de personajes ilustres que han visitado Pitcairn), más un ancla, un cañón y una campana de hierro.

Un poco más arriba había un museo conteniendo objetos relacionados con la historia de la isla. Visité también la escuela, el cementerio donde se hallaba una tumba conteniendo los restos mortales de John Adams junto a su esposa y su hija, las casas de los nativos –que las dejaban abiertas, sin cerrar con cerrojos– y, en general, disfruté de la naturaleza exuberante con árboles frutales.

La historia de esa isla tan evocadora me la sabía de memoria después de haber visto varias veces en la televisión de mi camarote en el Maxim Gorkiy la película "Rebelión a bordo" (Mutiny on the Bounty), en la cual Marlon Brando interpreta a Fletcher Christian.

Todo comenzó en el año 1767 con el avistamiento fortuito de una pequeña isla montañosa por un marino inglés apellidado Pitcairn, a bordo del buque Swallow. Como no pudieron atracar en ella, los marinos prosiguieron viaje. Erraron al anotar las coordenadas en la cartografía y durante más de dos décadas nadie volvió a ver esa isla.

Pocos años más tarde, el Almirantazgo inglés resolvió enviar a la isla de Tahití, en la Polinesia, a un experto marino llamado William Bligh (que había acompañado al capitán inglés James Cook en uno de sus viajes) para recoger raíces del árbol del pan con el fin de ser trasplantadas en las pequeñas islas del mar Caribe y alimentar así de forma económica, tipo rancho, a los esclavos africanos que eran forzados a recolectar la caña de azúcar.

Con este propósito navegaron en el barco Bounty cuarenta y cinco hombres, entre los cuales iba un contramaestre llamado Fletcher Christian.

Al llegar a Tahití, en 1788, fueron tan bien recibidos por las libidinosas mozas nativas que los ingleses se sintieron en el paraíso. Sin embargo, William Bligh se comportó cruelmente y castigaba con latigazos en la espalda al que se desviara de sus instrucciones sobre cómo comportarse con los indígenas, mientras que Fletcher Christian se mostraba más benevolente y ayudaba a sus hombres, por lo cual también él sufrió un severo castigo físico. Poco a poco entre ambos se acrecentó un odio irreconciliable.

Cuando abandonaron Tahití con el fin de alcanzar el mar Caribe, Fletcher Christian y los veinticinco hombres que le eran fieles se amotinaron y redujeron al despótico capitán William Bligh y a sus dieciocho seguidores, les arrebataron el Bounty y les dejaron en una chalupa a su suerte. Gracias a la pericia de William Bligh alcanzaron finalmente la isla de Timor y, eventualmente, Inglaterra, tras una navegación muy accidentada, mientras que Fletcher Christian retornó a la isla de Tahití, donde dieciséis de sus hombres resolvieron permanecer en ella. Los restantes nueve amotinados convencieron a diecinueve nativos tahitianos para buscar una isla ignota donde evitar ser atrapados, pues bien sabían que el Gobierno inglés despacharía acto seguido una expedición punitiva para capturarles, trasladarles a Londres y ser juzgados, como así sucedería.

Al regresar William Bligh a Londres se organizó la búsqueda de los amotinados. En Tahití dieron con los supervivientes de los dieciséis que determinaron quedarse allí. Dos ya habían muerto a causa de los conflictos con los polinesios, cuatro más morirían ahogados tras chocar con un arrecife el barco que los transportaba. De los diez que llegaron vivos a Londres, tres serían ahorcados y los demás fueron condenados a galeras.

Es probable que Fletcher Christian supiera de la existencia de Pitcairn y hacia ella se dirigió, llegando en enero de 1790. Les pareció un refugio seguro y comprobaron con júbilo que había agua, suelo fértil, madera y árboles frutales, por lo que llevaron a tierra a todos los animales que cargaban en el barco, más los pertrechos y, a continuación, incendiaron el Bounty.

Junto a Fletcher Christian iban tres ingleses, dos escoceses, un británico de Cornualles, un estadounidense y un británico nacido en las islas de San Cristóbal y Nieves. Les acompañaban doce lozanas mozas tahitianas, seis hombres de diferentes islas de la Polinesia, más una niña de pecho de Tahití.

Poco a poco los amotinados y los hombres polinesios se fueron matando entre ellos a causa de disputas por las mujeres, hasta que quedó un solo amotinado, llamado John Adams, nacido cerca de Londres, que se convirtió en el patriarca de once mujeres polinesias y de veintitrés niños.

En el año 1814 atracó en Pitcairn un buque de la Marina inglesa. Sorprendidos a más no poder por la existencia de isleños que hablaban el inglés, John Adams acabó confesando que era un desertor del Bounty y se puso a disposición de los oficiales del buque para que le llevaran a Londres a ser juzgado. Estos, al ver el fervor con que era tratado por las mujeres y los niños, le dejaron en paz convencidos de que se había arrepentido, pues consideraron que habría sido un acto de inhumanidad privar a la población del único hombre adulto. Al reportar el encuentro en Londres se decidió perdonar a John Adams y archivar el caso.

John Adams murió en 1829, a los 65 años de edad.

Hoy en día los habitantes de Pitcairn, unas 50 personas, se dedican a la venta de artesanía y sellos a los cruceros de paso. El Gobierno británico les subsidia.

Cuando el Maxim Gorkiy zarpó rumbo a su siguiente destino, yo me quedé en la cubierta tumbado sobre una hamaca viendo cómo la isla Pitcairn se perdía en el horizonte y experimenté una gran inquietud, a la vez que satisfacción, por haber visitado un lugar de historia tan intrigante.

Poso junto a Paul Warren, un descendiente de Fletcher Christian, en la isla de Pitcairn.

22 – El exilio de Napoleón en la isla de Santa Elena

En la isla de Santa Elena –posesión inglesa en medio del océano Atlántico– experimenté diversas situaciones inusuales durante los 8 días que allí permanecí, pero la más inquietante estuvo relacionada con el exilio de Napoleón.

En la isla canaria de Tenerife, abordé un buque correo británico, llamado St Helena, que 10 días más tarde, tras una escala en la isla de Ascensión, prosiguió hasta la isla de Santa Elena, que es de origen volcánico y cubre una superficie de unos 120 kilómetros cuadrados. Su capital, Jamestown, ubicada en un valle, cuenta con unos 1500 habitantes, mientras que en el conjunto de la isla viven unas 6000 personas.

Todos los pasajeros del St Helena debíamos permanecer en la isla ocho días, tiempo que el buque emplearía para transportar pasajeros y mercancías a la vecina isla de Ascensión y regresar a Santa Elena. En el control de Inmigración sellaron mi pasaporte y me obligaron a indicar el nombre del hotel donde, supuestamente, me alojaría en la isla, de lo contrario me podían denegar la entrada y enviar de vuelta al barco. Como no conocía los precios de los hoteles y mi presupuesto no era muy boyante, anoté uno cualquiera cuyo nombre averigüé por casualidad y procedí a la ciudad a través del arco de una antigua fortaleza.

Junto al puerto había dos hoteles. Uno de ellos era el más lujoso; se llamaba Consulate y cobraba unas 80 libras esterlinas por una noche en una habitación individual. Enfrente había un *guesthouse* de aspecto muy agradable, llamado Harry, mas el precio por un cuarto no bajaba de las 60 libras esterlinas. Determiné entonces recorrer la isla a pie y al caer la noche desenrollaría mi saco de dormir y me tumbaría donde me encontrara, en la naturaleza, con las estrellas como techo.

Comencé a caminar hacia el centro de la isla. A veces, los amables habitantes detenían su coche a mi lado y proponían llevarme adonde me dirigiera. Fue así que alcancé el poblado de Longwood, lugar donde Napoleón vivió la práctica totalidad de su exilio en Santa Elena –desde el año 1815 hasta el de su muerte, acaecida en 1821–. Hoy se conserva su mansión rodeada de bellos jardines, que pude visitar gracias a la gentileza de su portero, un robusto sudafricano de origen holandés que hablaba francés. Me fue mostrada la habitación con su lecho, su abrigo, su librería, su billar, cocina, jardines y varios cuadros y objetos personales del emperador francés, además de la casa anexa para su séquito.

Al salir, una familia que me había observado pasear por los jardines me invitó a almorzar en su casa, donde me contaron numerosas anécdotas sobre la intensa vida amorosa de Napoleón y cómo burlaba la vigilancia de sus guardianes por las noches para escaparse con su corcel (al que invertía las herraduras) al encuentro de las fogosas mozas nativas de la isla, que le aguardaban con fruición ocultas en medio del follaje.

Existe en la actualidad la duda de si Napoleón murió como consecuencia de un cáncer de estómago, a los 51 años de edad, o fue asesinado con arsénico por el gobernador inglés, que le odiaba a muerte.

Cuando empezó a oscurecer inicié la bajada de las colinas de la isla en dirección a Jamestown y a mitad del camino distinguí un sendero que, descendiéndolo, conducía a una estructura metálica rectangular, tipo verja. Me acerqué a ella y comprobé que se trataba del mausoleo de Napoleón. Sin embargo, no había leído ningún letrero que lo indicara y tampoco encontré ninguna inscripción. El mausoleo estaba vacío, sin techo, y el entorno era bello. Al parecer, el mismo Napoleón lo eligió para ser enterrado. El lugar se llamaba en inglés Sane Valley y por su alrededor se esparcían diversos árboles frutales.

Tras la muerte de Napoleón, el Gobierno francés requirió a las autoridades británicas el retorno del cadáver, a lo que accedieron en 1840, por lo que en la actualidad su panteón se localiza en el Palais des Invalides, en París.

Ya estaba muy oscuro y comenzó a lloviznar. No era cuestión de acostarme frente a la tumba a cielo abierto, y la hierba estaba mojada. Además, muchos isleños afirman que el espíritu de Napoleón aún vaga por los alrededores de ese valle. Por suerte, a apenas 50 metros más abajo observé un caserón y acudí a él para pedir socorro. La puerta estaba sin cerrar, pero el interior se hallaba sin muebles y con trebejos de pintores, electricistas y albañiles por los suelos, por lo que dilucidé que era una casa deshabitada, probablemente en rehabilitación. Tal vez por allí anduvo Napoleón seduciendo a las indígenas.

Resolví pasar allí mismo la noche, junto a la chimenea, a cubierto de la molesta llovizna y de los mosquitos, rodeado de árboles frutales y de bellas vistas a los frondosos valles. Me desperté varias veces, inquieto, por la singularidad de hallarme acostado en ese lugar tan imprevisto.

Al amanecer fui despertado por trinos de pájaros exóticos. Desayuné los jugosos frutos que pude agarrar trepando a los árboles de la vecindad y a continuación me dirigí al mercado de Jamestown. Serían las 7 de la mañana cuando llegué a la cafetería del mercado y fui detenido por una agente de Policía mientras me estaba tomando un café. Me preguntó encrespada, frunciendo el ceño y con una mano agarrando su porra de goma, que agitaba amenazadoramente:

—¿Dónde ha estado? Hemos estado buscándole toda la noche. En Santa Elena está prohibido acampar. ¡Esto no es Europa!

Fingí ingenuidad y contesté, rindiéndole pleitesía:

—Oh, perdón, amable agente, canto la palinodia. Tenía la intención de alojarme en un hotel, pero la bondad de los nativos de Longwood fue tan excelsa que no pude declinar su invitación para alojarme con ellos. No lo volveré a hacer más, se lo prometo. *I am very sorry.*

Entonces ella me preguntó por el nombre de esos nativos con los que, supuestamente, había pasado la noche o, en su defecto, la dirección, mas yo simulé haberla olvidado.

—Está bien –prosiguió–, pero ahora se vendrá conmigo y reservará un hotel en mi presencia, pues si no lo hace le devolveremos al St Helena de inmediato.

Y diciendo esto me señaló con su porra la dirección al puerto.

De camino al guesthouse Harry nos cruzamos con una familia que me propuso alojamiento en su casa a un precio que establecimos en 30 libras esterlinas por noche.

Entonces la agente me dejó libre. Dejé mi bolsa de viaje en un cuarto de la casa particular y salí a explorar la capital, Jamestown, que encontré grata y muy *british* debido a sus *bobbies* (policías londinenses), los retratos de la reina de Inglaterra por las tiendas, las banderas de la Union Jack en los principales edificios y los coches de modelos ingleses.

Junto al puerto descubrí un restaurante llamado Ann's Place, en el interior de un gran jardín, donde ofrecían a diario un *business lunch* por apenas 5 libras esterlinas y, enfrente, entre un museo y una iglesia anglicana, comenzaban los 699 escalones – llamados Jacob's Ladder– que te conducían a un fuerte, de los varios que se hallan esparcidos alrededor de la isla. También había un Consulado francés con la bandera tricolor, más la bella casa del gobernador, de estilo georgiano, llamada en inglés Plantation House, con tortugas centenarias traídas de la isla de Aldabra, en el archipiélago de las islas Seychelles.

Durante los siete días restantes realicé varias excursiones combinando la caminata con el autostop, por lo que llegué a escudriñar todos los lugares interesantes de la isla.

El noveno día de mi estancia en la isla abordé el buque St Helena con destino Walvis Bay, en Namibia.

Me hallo junto a una tortuga de Aldabra
frente a Plantation House.

23 – TRISTÁN DE ACUÑA, LA ISLA HABITADA MÁS REMOTA DEL MUNDO

Mi estancia de diez días en la isla de Tristán de Acuña (que en inglés es conocida como "Tristan da Cunha") me inquietó por varios motivos, siendo el principal el comportamiento de sus –aproximadamente– 280 habitantes, pertenecientes a siete familias mezcladas entre sí –por lo que todos son parientes–. Cuando se celebra un nacimiento, una boda o un funeral, todos los isleños se sienten concernidos y participan en él. En esa isla es tabú mencionar la palabra "incesto".

Según el Libro Guinness de los records, Tristán de Acuña es la isla habitada más remota del mundo, pues dista unos 2800 kilómetros de Ciudad del Cabo –Sudáfrica– y unos 3350 desde el punto más cercano de Sudamérica.

Pero no es fácil viajar a Tristán de Acuña, ya que carece de aeropuerto, por ello tuve que comprar un pasaje en un barco pescador de langostas en Ciudad del Cabo, el cual, tras 10 días de navegación, me depositó en esa isla. Por otra parte, Tristán de Acuña es territorio británico de ultramar y para visitarlo es obligatorio poseer un permiso que me tomó cerca de un año conseguir.

El barco pescador que me condujo a Tristán de Acuña se llamaba Edinburgh. Acepta 12 pasajeros en cada viaje a la isla y yo adquirí la plaza número 11. Casi todos los demás pasajeros eran nativos de la isla, a excepción de una doctora y un meteorólogo, ambos sudafricanos.

Las condiciones a bordo eran espartanas; las duchas estaban ubicadas en un pasillo y eran comunales; la comida consistía, casi a diario, en langostas y, a veces, en carne de avestruz enlatada. Por las noches veíamos películas en una sala junto a los pescadores.

La travesía fue muy accidentada. El tercer día el cielo se oscureció y así estaría hasta el sexto, sin poder ver el sol. Todo el tiempo llovía y había rayos y truenos sin cesar.

Al llegar al puerto de la isla, Edinburgh of the Seven Seas, me estaban esperando una señora con sus dos sobrinas. Viviría en la casa de ellas durante mi estancia. Previamente, para poder obtener el permiso de visita a la isla, me habían obligado a reservar alojamiento en casa de los nativos y elegí una casa de aspecto acogedor, tipo *cottage* inglés, por 30 libras esterlinas por día, precio que incluía las tres comidas.

Mi experiencia en Tristán de Acuña, además de inquietante por la mezcla de los habitantes, fue entrañable, pues participaba de los servicios religiosos de las dos iglesias locales —anglicana y católica— y me aceptaron como un isleño más de manera muy cálida. Cada tarde solía beber cervezas con los hombres en las afueras de una cantina, con quienes hablaba de cualquier tema con toda familiaridad. En mi corta estancia participé en varias fiestas dedicadas a los, aproximadamente, 50 niños que allí moraban.

El aspecto físico de los isleños es el resultado del cruce de sangre de los siete grupos que en esa isla viven y cuyos apellidos son: Glass —escocés-; Swains —inglés-; Rogers y Hagan -provenientes de irlandeses emigrados a Norteamérica-; Green -originario de los Países Bajos (y que había sido anglicanizado del apellido original Groen)-; más Repetto y Lavarello, que procedían de dos náufragos italianos. Debido a esta mezcla, al oírles hablar en inglés percibía que habían introducido palabras del neerlandés y del italiano.

La isla tiene una superficie de unos 98 kilómetros cuadrados y está culminada por un volcán apagado de unos 2060 metros de altura, pero para escalarlo es obligatorio ir acompañado de un guía local, cosa que solo es factible en verano.

A causa de lo escarpado del terreno no se puede rodear la isla y la población vive en una pequeña porción de territorio. A un lado de Edinburgh of the Seven Seas hay una playa y un barranco para depositar basuras, y hacia la otra parte se alcanzan unas moradas rudimentarias de piedra con parcelas donde cultivan la patata. Un poco más allá de las parcelas hay una casita de descanso y un campo de golf. En el centro de la villa había una escuela con un gran patio y campo de fútbol. El único supermercado estaba siempre muy lleno de gente y los productos que allí vendían eran principalmente de origen inglés y sudafricano, predominando las botellas de güisqui.

Visité la oficina de Correos, un local de ordenadores donde uno podía conectarse al internet, la administración de la isla —donde se hallaba la Tesorería—, las dos iglesias, el hospital, el museo, la biblioteca, más la cantina con una sala de billares.

Por los campos observé vacas, ovejas, cerdos, cabras, patos y gallinas. Casi en cada casa había perros, pero no vi ningún gato por ningún sitio.

Había un solo policía en la isla, el señor Glass, con su casco de *bobby* inglés, que cada vez que me veía caminar solo paraba su coche y se ofrecía para llevarme adonde quisiera. Me mostró el libro que había escrito sobre su isla, con su historia, que leí en la biblioteca un día más tarde.

Un día entre los días, el gobernador de la isla me invitó a una cena internacional; una tarde fui el huésped de honor en el bautizo de una niña. Y en la despedida mi casera me regaló una tarta de manzana recubierta con chocolate para el viaje de vuelta, más calcetines de lana confeccionados con ganchillo por sus sobrinas.

Estaba fascinado por experimentar tanta vida social de gente de corazón noble; por ello, durante la travesía en el barco de pesca Edinburgh para regresar a Ciudad del Cabo me sentí infinitamente triste. Tenía la sensación de haber convivido unos días irrepetibles con unas gentes entrañables abandonadas en el lugar más remoto e inquietante del mundo.

Poso junto al letrero "Welcome to the remotest island".

RUSIA

24 – EL MARTIRIO DE LA FAMILIA DEL ZAR NICOLÁS II EN EKATERIMBURGO

Me inquieté por conocer el lugar donde el zar Nicolás II y su familia fueron martirizados; por ello, en un viaje en tren desde Moscú hacia el centro de Siberia efectué una parada de un día completo en Ekaterimburgo, pues había leído que en esa ciudad se cometió tal magnicidio.

Al preguntar al primer transeúnte –un señor mayor– sobre el paradero del lugar donde se había cometido el regicidio del zar Nicolás II y su familia, me contestó:

—En Ekaterimburgo hay lugares más interesantes que ese.

Y se marchó sin ayudarme.

En mi segundo intento, un matrimonio de mediana edad me dirigió hacia donde en el pasado se situaba la Casa Ipatiev (un comerciante local), en cuyo sótano la familia del zar fue apaleada, asesinada a tiros y rematada con bayonetas por soldados bolcheviques un 17 de julio del año 1918. Los historiadores actuales coinciden en afirmar que la orden la dieron desde las instancias más altas del entonces Gobierno ruso: Lenin –líder comunista–, Yákov Sverdlov –político revolucionario– y Félix Dzerzhinski –fundador de la checa.

Al alcanzar a pie la antigua ubicación de la Casa Ipatiev averigüé que había sido destruida y, en su lugar, se había erigido una iglesia que en ruso se llamaba "Jram na Krovi" (Templo en Sangre, o Iglesia de la Sangre) donde mediante fotografías se ilustraba el martirio de la familia del zar al completo: Nicolás II, la zarina Alejandra y los hijos Alekséi, Anastasia, María, Olga y Tatiana, además de varios acompañantes voluntarios que no quisieron abandonar al zar y sufrieron su misma suerte.

Aunque la iglesia era bellísima, su visión me produjo una gran inquietud, especialmente al ver las fotografías de los hijos del zar jugando y corriendo.

Pero no acabó allí mi visita relacionada con el destino del zar. Mirando los letreros en el interior de la Iglesia de la Sangre leí que, tras la ejecución sumarísima de la familia del zar, los restos mortales se trasladaron a un lugar a 15 kilómetros de distancia llamado Ganina Yama, donde primero quemaron sus cadáveres con gasolina, luego los rociaron con ácido sulfúrico y después los arrojaron a una fosa –la palabra "yama" significa fosa en ruso– de 9 metros de profundidad.

Pregunté en la estación de autobuses cómo podría alcanzar esa fosa y me informaron de que no había ninguno que se dirigiera allí. Me acerqué entonces a la parada de taxis y contraté uno de ellos, cuyo conductor era armenio, para que me llevara, me esperara durante unas 2 horas y, finalmente, me devolviera a Ekaterimburgo.

Al llegar, el armenio y yo dedicamos más de 3 horas a explorar el lugar, que consistía en un monasterio de madera –llamado Santos Mártires Reales– localizado en medio de una naturaleza frondosa. Observé que estaba habitado por varios monjes.

Dentro del territorio del monasterio amurallado había siete capillas –una por cada asesinado–, además de fotografías más una escultura de la familia del zar. También advertí una cafetería, aunque no entré en ella.

La atmósfera del complejo era estremecedora e inquietante. Tanto el taxista armenio –que era cristiano– como yo sentimos que nos hallábamos en un lugar histórico de primera magnitud. Por otro lado, Ganina Yama está considerado un lugar que atrae a muchos peregrinos, pues todos los componentes de la familia del zar habían sido canonizados por la Iglesia ortodoxa rusa.

Me fotografiaron junto a un monje del monasterio en
Ganina Yama.

25 – El búnker del general Friedrich Paulus en Stalingrado

Tenía mucho interés en descubrir una ciudad que evocaba tanta
historia como Volgogrado, aunque presentía que la experiencia sería muy inquietante. Se fundó como Tsaritsyn en el siglo XVI; luego,
en el año 1925, cambió su nombre por Stalingrado en honor a Stalin, el secretario general del Comité Central del Partido Comunista
de la Unión Soviética. Y en 1961 se rebautizo como Volgogrado por
hallarse a orillas del río Volga.

Cuando viajé a esa ciudad me alojé durante dos noches en el
céntrico hotel Intourist, a pocos pasos de la estación ferroviaria. El
primer día abordé un trolebús y me acerqué a una colina llamada
Mamayev Kurgan, que queda un poco alejada del centro. Invertí
allí medio día. Era un lugar imponente, magno, sobrecogedor. Vi en
una gran sala circular una llama eterna que rendía respeto a todos
los soldados que murieron en defensa de la ciudad durante el ase-
dio alemán entre agosto del año 1942 y febrero de 1943. Durante

la Batalla de Stalingrado (que está considerada la más cruenta en la historia de la humanidad) perdieron su vida alrededor de 2 millones de personas, entre soviéticos y alemanes. La ciudad quedó arrasada en un 90%.

Mamayev Kurgan significa en ruso "túmulo de Mamai", que fue un dirigente de la Horda de Oro en el siglo XIV.

Lo más destacable de ese complejo monumental es una enorme estatua. Su autor se basó en la escultura Nike, la diosa de la victoria en la mitología griega. Tiene una altura de 87 metros desde su base hasta la punta de la espada. Esa escultura es muy atractiva y su visión impresiona; es llamada La Madre Patria y representa a Rusia, al pueblo ruso.

Entré en un museo donde se preservaban diversas armas como, por ejemplo, el rifle del legendario francotirador ruso Vasili Zaitsev, que acabó con unos 240 soldados y oficiales alemanes en el transcurso de la Batalla de Stalingrado.

De regreso al centro de la ciudad me detuve en un museo al aire libre donde estaban expuestos varios tanques y en ellos había escritas frases en ruso cuyo significado eran "¡A Berlín!" "¡Por la Victoria!" "¡Por la Patria!".

Justo al lado de los tanques, frente al río Volga, me fijé en las ruinas de un edificio conocido como "Molino Gerhardt" (nombre de un comerciante), que producía harina, lleno de impactos de balas. Lo habían dejado como quedó tras la Batalla de Stalingrado como un recordatorio.

Y a unos pocos metros vi un monumento llamado "Fuente de Jorovod" y también "Fuente Barmaley", donde se observa a seis niños bailando en corro cogidos de la mano, en cuyo centro hay un cocodrilo. Jorovod es un baile ruso circular de procedencia eslava pagana, donde se simula el movimiento del sol, mientras que Barmaley hace referencia al nombre de un pirata malo en un conocido cuento ruso para niños. La visión de esa fuente mostrando la sonrisa inocente de los niños jugando, ubicada en la ciudad que sufrió la gran tragedia de la Batalla de Stalingrado, me hizo estremecer.

Las visitas que efectué al día siguiente también fueron históricas e interesantes. Entre ellas, la que me produjo más inquietud fue la que efectué al "Muzei Pamiats" (Museo Conmemorativo) dentro de un búnker. Pagué la entrada y descendí a un sótano, donde permanecería unas 3 horas escudriñando cada sala, cada rincón, cada representación, cada cuadro. Allí vi motocicletas con sidecar cargadas de cruces nazis, muñecos de tamaño natural representando soldados alemanes, rifles capturados a los alemanes, documentos y fotografías varias, etc. Lo más didáctico era una gran pintura donde se personificaba al general –y después mariscal de campo– Friedrich Paulus firmando la capitulación alemana ante las autoridades militares soviéticas.

Cuando al tercer día abandoné Volgogrado para viajar a Siberia me sentí muy inquieto pero, al mismo tiempo, estaba convencido de que había adquirido un gran caudal de conocimientos históricos y culturales.

El Molino Gerhardt y la Fuente de Jorovod en Volgogrado.

26 – LA RUTA DE LOS HUESOS DESDE YAKUTSK A MAGADÁN

Entre los rusos, el solo pronunciar el nombre de la ciudad de Magadán provoca una gran inquietud. La asocian con lo remoto, con el frío y con los gulags (acrónimo en ruso de "Dirección General de Campos y Colonias de Trabajo Correccional") de los tiempos comunistas.

Un fragmento de una canción de un bardo ruso del siglo XX, llamado Vladimir Vissotsky, dice: "Mi amigo se fue a Magadán. Hay que sacarse el sombrero".

Y fue precisamente la fama adversa que emana esa ciudad lo que me impulsó a conocerla.

Llegué a la ciudad de Magadán tras una semana recorriendo en una furgoneta la siniestra "Ruta de los Huesos" desde la ciudad de Yakutsk (República de Saja). Iba junto a cuatro amigos viajeros consumados de diversas nacionalidades (dos estadounidenses, un francés y un polaco); todos ya habían concluido la visita a los 193 países de la Tierra.

La ruta se llama "de los huesos" porque los *zeks*, o presos de los gulags que la construyeron, caían como moscas mientras trabajaban en su construcción en condiciones infrahumanas y sus cadáveres eran enterrados bajo la carretera; en realidad, esa ruta constituye un extenso cementerio de 2000 kilómetros de longitud.

Según cuenta en su libro "Archipiélago Gulag" el Premio Nobel de Literatura Aleksandr Solzhenitsin, en tiempos de Stalin se embarcaba mensualmente a 30.000 *zeks* desde el puerto de Vladivostok a Magadán para trabajar en los gulags construyendo la ruta de los huesos y extraer oro de la cuenca del río Kolimá. Nunca nadie volvía.

Atravesar esa ruta en un minibús –que los rusos conocen por "bukhanka"– había sido duro, pues se pasa por poblaciones sin condiciones para albergar visitantes y algunas de ellas estaban deshabitadas. Con frecuencia, debíamos cruzar ríos donde no existían puentes.

El premio de esos días fue alcanzar Magadán, una ciudad fundada en el año 1939, moderna y atractiva, poblada por unos 100.000 habitantes, que nos sorprendió por la historia que encierra. Muchos de sus habitantes son descendientes de los *zeks*, a quienes, una vez liberados, no les dieron autorización para regresar a sus ciudades de origen, por lo que no tuvieron más remedio que establecerse en Magadán, donde se reprodujeron.

Al día siguiente visitamos el Museo de Historia Regional –en ruso "Kraevedcheskie Muzei"–. Subimos al primer piso, donde ignoramos la sección de mineralogía y otros departamentos relacionados con las minorías étnicas (aunque los visitaríamos más tarde). Durante dos horas nos concentramos en las exposiciones relacionadas con los gulags y luego subimos al segundo piso, donde emplearíamos una hora y media más admirando y estudiando el contenido de las salas. Vimos una reproducción al natural de un fragmento de un gulag, con la torre de observación, las alambradas, los barracones de los *zeks*, fotografías en blanco y negro de los presos y sus espartanas condiciones de vida mostrando su exiguo alimento diario, fotos de los guardianes, uniformes militares, rifles, medallas, periódicos de la época, vagonetas, picos, palas y otros instrumentos para construir carreteras y extraer metales.

Salimos de ese museo en silencio, circunspectos e inquietos, pero agradecidos por todo lo que habíamos aprendido.

Nos dirigimos entonces a otro lugar excepcional, situado sobre una colina en las afueras de Magadán, en un terreno llamado "Tranzitka". Allá arriba se encontraba la Máscara del Dolor ("Maska Skorbi" en ruso), un emotivo monumento de piedra –de 15 metros de altura con una capacidad de unos 60 metros cúbicos– en forma de cara humana con lágrimas en los ojos, construido a manera de memorial para recordar a los centenares de miles de presos que allí murieron en condiciones crueles.

La parte frontal reflejaba una cara llorando con lágrimas en forma de pequeñas cabezas; algunas de ellas estaban boca abajo. Un ojo tenía rejas, simulando la celda de una prisión. En la parte posterior se había reproducido la celda completa de un gulag, mientras que abajo se erguía una pequeña estatua metálica representando a una mujer joven cubriéndose la cara con las manos, llorando con infinita tristeza.

Se notaba el elemento cristiano en una cruz colgada en la parte alta con un Cristo crucificado, pero sin cabeza. Alrededor de la estatua había signos de varias religiones esculpidos en piedras, como la cruz ortodoxa, la católica, la estrella de David, el Ying y el Yang, la media luna y, curiosamente, una hoz y un martillo.

También había lápidas con los nombres de los campos de trabajo (y exterminio) de los diversos gulags de Kolimá.

El monumento lo realizó en el año 1996 un escultor ruso que había padecido varias desgracias durante su juventud, lo cual le inspiró para reflejar su sufrimiento en esa conmovedora obra de arte.

La Máscara del Dolor fue para mí como un templo y me entraron enormes ganas de rezar mientras estuve allí, pues despertó en mi interior sentimientos de compasión. Esa estatua era arte verdadero y su realismo me inquietó más de lo que lo hizo la Ruta de los Huesos.

Al día siguiente los cinco viajeros nos separamos en Magadán para proseguir nuestros viajes, cada uno con un destino distinto. El mío fue regresar a España por vía terrestre sin tomar un avión, lo que me tomaría varios meses.

La Máscara del Dolor en las afueras
de Magadán.

27 – La ciudad cerrada de Norilsk

En la ciudad siberiana de Krasnoyarsk compré un pasaje en un barco hasta Dudinka, cerca de la desembocadura del río Yen15éi, en el océano Glacial Ártico. No obstante, mi destino final era la ciudad cerrada de Norilsk y para acceder a ella había tenido la precaución de gestionar una autorización.

En Rusia existen diversos lugares cuya visita está prohibida, incluso a los propios ciudadanos rusos, o bien su acceso es restringido y se requiere un permiso del gobierno militar, como por ejemplo Dudinka y Norilsk. También hay ciudades que albergan plantas nucleares, como Sarov (en la región de Nizhni Novgorod), o las islas Kuriles (sobre las que Japón tiene pretensiones territoriales).

Durante varios días el barco realizó diversas paradas a orillas del río Yen15éi, donde pude descender durante unas horas para explorar los alrededores. Fue así que conocí poblados habitados por "viejos creyentes" –aquellos cristianos ortodoxos que no aceptaron las reformas introducidas a mediados del siglo XVII–, o por los descendientes de los "decembristas" –aquellos oficiales del Ejército ruso que se sublevaron contra la Rusia Imperial en el año 1825–. También visité brevemente asentamientos habitados por grupos étnicos siberianos –tales como los evenkos y ketis–, además de aldeas donde habían vivido exiliados los presos políticos Stalin y Yákov Sverdlov.

Fue ese un viaje fluvial memorable en el que aprendí mucha historia y cultura rusa.

En el puerto de Dudinka me esperaban dos militares jóvenes para comprobar que mi permiso estuviera correcto, tras lo cual me permitieron desplazarme en un vehículo a Norilsk, a unos 100 kilómetros de distancia, donde dormiría esa noche.

Norilsk es una ciudad industrial que cuenta con una población de alrededor de 200.000 habitantes. La primera casa de madera fue fundada en 1921 y aún se conserva como museo; sin embargo, la ciudad en sí no se desarrollaría hasta 1935, cuando se hizo cargo de ella la NKVD (siglas en ruso de Comisariado del Pueblo para Asuntos Internos, de donde más adelante surgiría la famosa KGB), que convirtió el lugar en un centro de gulags con campos de trabajo forzado, lo que se conoció con el acrónimo de Norillag, enviándose masivamente presos comunes y *zeks* para esclavizarlos extrayendo minerales de los fabulosos depósitos de níquel, paladio, cobre, cobalto, platino y oro. En cierto momento, Norillag llegó a sumar unos 400.000 penados arrancando los minerales de las minas -entre unos 100.000 presos comunes más 300.000 *zeks*.

Hoy, Norilsk está considerada una de las ciudades más contaminadas del mundo, por encima de Chernóbil –en Ucrania–. La principal fuente de contaminación es la fundición de mineral de níquel con alto contenido de azufre. En sus hospitales nacen niños con problemas respiratorios; los obreros que trabajan en las minas de la empresa Norilsk Nickel, a pesar de que ganan un salario más alto que en el sur de Rusia y se jubilan antes, lo pierden en salud y viven 10 años menos; debido a la lluvia ácida no hay un árbol vivo ni vegetación en 50 kilómetros a la redonda... ¡La ciudad parece poseer todos los elementos para filmar en ella una película sobre el apocalipsis!

Sin embargo, aun habiendo leído y oído por los rusos estas noticias y que, en el pasado, entre Dudinka y Norilsk se realizaron tres explosiones nucleares subterráneas que propagaron radioactividad en el medio ambiente, no experimenté miedo, tan solo inquietud. Por otra parte, apenas pasé en Norilsk un total de 12 horas.

La arquitectura de Norilsk poseía una rara belleza y muchos bloques estaban pintados con atractivos colores; al recorrer la avenida central Leninsky Prospekt (con la inevitable escultura de Lenin) creí encontrarme en San Petersburgo, y ello era debido a que muchos de los arquitectos que expandieron Norilsk eran *zeks* de Norillag que provenían precisamente de esa ciudad báltica.

La visita que efectué en Norilsk antes de regresar a Dudinka me inquietó hasta el máximo de los extremos: el llamado "Gólgota" de Norilsk.

Ese "calvario" se ubicaba en la falda de una montaña llamada Schmidt (en honor al explorador ruso Otto Schmidt). El emplazamiento había sido un cementerio con fosas comunes llenas de los cadáveres de los *zeks* extrayendo minerales de esa montaña. En el año 1987 se decidió cerrar el cementerio para, 3 años más tarde, construir en ese mismo sitio un memorial para recordar a los miles de presos –de más de veinte nacionalidades diferentes– fallecidos a causa de las crueles condiciones de existencia y del trabajo sobrehumano que realizaron.

En primer lugar, se erigió una capilla cristiana ortodoxa típica rusa, basada en las que se encuentran en Pskov. Meses más tarde llegó una delegación representando a los países bálticos – Estonia, Letonia y Lituania– y se añadieron tres santuarios, uno de fe católica y dos protestantes. Un sacerdote católico de Vilna (Lituania) expresó su idea de darle a ese memorial el nombre de Gólgota, recordando así el sufrimiento y agonía de Jesucristo. Su propuesta fue aceptada.

Poco después los polacos quisieron homenajear a sus muertos y construyeron una escultura asemejándose a una vía de ferrocarril (pues la mayoría de los presos polacos habían muerto construyendo carriles de tren) subiendo una pirámide, con cruces en la cima.

Los judíos que viven en Norilsk también quisieron honrar a sus muertos víctimas del Norillag y con ayuda de un magnate hebreo (el presidente del Banco Mundial) donaron una escultura consistente en un bloque de piedra negra, en la que se yergue una pared de mampostería en forma de libro con una fisura en el centro en forma de menorá (candelabro hebreo de siete brazos), simbolizando la espiritualidad inherente en el sufrimiento judío.

Todavía había más monumentos simbólicos y emotivos en el interior, así como placas escritas en letón, estonio, lituano y polaco, con frases traducidas al ruso y, a veces, también al inglés, denunciando que allí habían perdido la vida miles de personas inocentes de esas cuatro nacionalidades.

La entrada al recinto lo constituye un portal de iglesia ortodoxa con varias campanas que los visitantes pueden hacer sonar al pasar, en señal de luto.

Según los archivos de Norillag, en ese cementerio se enterraron algo más de 16.000 prisioneros durante el tiempo que existió (de 1935 a 1955). Sin embargo, todo el mundo en Norilsk afirmaba que esa cifra se debe multiplicar, al menos, por 10.

Ese Gólgota me recordó a la Máscara del Dolor de la ciudad de Magadán.

Al acabar la estremecedora visita me sentí muy inquieto.

De Norilsk regresé a Dudinka para embarcar de vuelta en mi barco con destino Krasnoyarsk.

La entrada al Gólgota de Norilsk.

SERBIA

28 – EL BOMBARDEO DE 78 DÍAS SOBRE BELGRADO

Visité por primera vez Belgrado en el año 1978, en los tiempos del gobernante Josip Broz Tito, cuando esa ciudad era la capital de Yugoslavia –hoy lo es de Serbia–. Tuve que viajar a ese país junto a un grupo de españoles conducidos por un guía yugoslavo, ya que el turismo individual no estaba permitido.

Tanto las ciudades que visité como la amabilidad de las gentes de Yugoslavia me cautivaron. Vivían en armonía practicando sus diferentes religiones –cristianismo católico, ortodoxo e islam–, utilizando en su escritura los alfabetos latino y cirílico y se entendían hablando cualquiera de las tres lenguas oficiales –serbocroata, esloveno y macedonio–, que eran muy parecidas entre sí.

Me gustó mucho Belgrado, ciudad ubicada en la confluencia del río Danubio con su afluente Sava. Uno de los aspectos destacables de esa ciudad fueron las caminatas que realizamos por la encantadora calle peatonal Knez Mihailova, además de un paseo en barco por el río Danubio –que teníamos incluido en el programa– y la visita a la iglesia ortodoxa de San Sava, que fue quien introdujo el cristianismo ortodoxo en Serbia en el siglo XII.

No volvería a visitar Belgrado hasta bien entrado el siglo XXI. Mientras tanto, me enteré con inquietud de las noticias sobre la descomposición de Yugoslavia en diversas repúblicas y de las guerras entre ellas. Pero lo más inquietante ocurrió en el año 1999 en el contexto de la Guerra de Kosovo, cuando la Organización del Tratado del Atlántico Norte (OTAN) bombardeó sin piedad la ciudad de Belgrado durante 78 días seguidos –del 24 de marzo hasta el 11 de junio de 1999– sin consentimiento del Consejo de Seguridad de la Organización de Naciones Unidas (ONU). Fue, en consecuencia, un bombardeo ilegal, un crimen de guerra que destruyó todas las infraestructuras de la ciudad y ocasionó (según las estadísticas) la muerte de 462 soldados, 114 policías especiales, alrededor de 5000 civiles yugoslavos –incluidos centenares de mujeres y niños– más tres periodistas chinos. El secretario general de la OTAN era en esos días el español Javier Solana y los, aproximadamente, mil aviones que participaron en ese bombardeo pertenecían a la Real Fuerza Aérea británica (RAF) y a las Fuerzas Aéreas del Ejército de los Estados Unidos (USAAF).

Durante mi segunda visita a Belgrado revisité por nostalgia en una mañana varios lugares que me habían impresionado en 1978 –como fue la iglesia de San Sava– y me paseé de nuevo por la calle peatonal Knez Mihailova, de 1 kilómetro de longitud.

Por la tarde, y aconsejado por la recepcionista del hotel donde estaba alojado, deseé visitar el *Tasmajdanski park* (parque de la Amistad), el cual no conocía de mi anterior visita. En él se localiza un monumento dedicado a las miles de víctimas del bombardeo del año 1999 que se erigió el año 2000 como símbolo de la resistencia de la nación serbia ante tal ataque.

Al llegar al monumento y conociendo de antemano su simbolismo, realicé instintivamente la señal de la cruz.

El monumento se llama "La llama eterna" y consiste en un obelisco de 28 metros de altura culminado con una pequeña estructura metálica en forma de llama. Pero la llama estaba apagada. Por lo que me contaron de vuelta en mi hotel, la altura del obelisco debía de haber sido de 78 metros, como los días que duró el bombardeo, pero al final quedó establecida en 28 metros. Al poco tiempo de la construcción, el monumento fue vandalizado, se pintaron sobre él varios grafitis y la llama fue extinguida.

Esa fue la visita más inquietante que realicé durante mi segundo viaje a Belgrado.

El monumento "La llama eterna" en
el parque de la Amistad, Belgrado.

29 – KOSOVSKA MITROVICA

En Skopie, la capital de Macedonia del Norte, abordé un autobús a Pristina, la capital de Kosovo, país que unilateralmente declaró su independencia de Serbia en el año 2008. Al llegar, me instalé por varios días en un hotel enfrente de un monumento dedicado al que fuera presidente de los Estados Unidos de América, Bill Clinton, cerca de la calle George W. Bush.

Alrededor de la mitad de los 193 países registrados en las Naciones Unidas reconoce la independencia de Kosovo, mientras que la otra mitad no la reconoce. España se halla en el segundo grupo junto a Serbia, China, Rusia, India, Irán, Brasil, México, Argentina, etc.

Al preguntar al dueño del hotel de Pristina si vivían mejor siendo Kosovo independiente, él me contestó con tono desengañado que ahora estaban más tranquilos, añadiendo que antes pagaba sus impuestos a Belgrado –en Serbia– y ahora los pagaba a Pristina, pero eran exactamente los mismos, aunque antes tenía más clientes que ahora. En la guerra de independencia él había perdido a un sobrino y a dos amigos de la infancia. Los únicos que habían ganado en la guerra –me contó– habían sido los políticos, que antes eran simples funcionarios del Gobierno de Serbia y ahora ostentaban puestos importantes como ministros y consejeros en el Gobierno de Kosovo, con salarios muchísimo más altos.

Tanto él como otros kosovares a los que pregunté sobre la independencia de su país me explicarían que, evidentemente, los Estados Unidos de América ayudaron a los kosovares a cambio de fundar en ese nuevo país una base militar –conocida como Camp Bondsteel– y explotar los minerales raros que se hallan en el subsuelo de Kosovo.

Kosovo no poseía moneda propia, por lo que todo el mundo usaba el euro y la vida era muy barata. Las gentes, al notarme extranjero, me hablaban en italiano, idioma muy popular en todos los países de la ex Yugoslavia.

Pristina era una ciudad grata y noté muchos edificios reconstruidos con ayuda de la Unión Europea. Vi muchas mezquitas en esa ciudad debido a que la abrumadora mayoría de sus gentes profesa el islam.

El tercer día me desplacé a una población vecina para seguir conociendo la realidad de Kosovo y, con ese propósito, abordé un microbús a Kosovska Mitrovica, o simplemente Mitrovica, que se pronuncia como "Mitrovitsa".

No había terminal de autobuses en Kosovska Mitrovica, por lo que el conductor del microbús me depositó frente a una mezquita turca.

Turquía estaba muy presente en Kosovo y muchos jóvenes kosovares viajaban a Estambul con la esperanza de encontrar un trabajo.

En el mercado noté que solo los hombres vendían frutas y verduras en el suelo, nunca vi mujeres. Me detuve ante una iglesia ortodoxa, pero estaba cerrada y protegida por un soldado que me pidió el pasaporte como depósito para dejarme entrar en sus instalaciones. Había partes de la iglesia que habían sido incendiadas tratando de destruirla por completo. No muy lejos de allí encontré una iglesia católica, pero estaba abierta y se podía visitar sin ningún control. Su nombre era Parroquia de la Exaltación de la Cruz. La destrucción de monasterios e iglesias por parte de los kosovares durante la guerra de la independencia fue dirigida solo contra las ortodoxas, debido al odio a los serbios; a las católicas las dejaban en paz.

Durante la Guerra de Kosovo los musulmanes demolieron, dinamitaron e incendiaron centenares de monasterios e iglesias ortodoxas, precisamente los sitios más sagrados para los serbios, además de profanar los cementerios y las tumbas de los santos.

En Kosovska Mitrovica vi banderas de Kosovo y Albania por todas partes. Las seis estrellas sobre la bandera kosovar representan a los seis pueblos que allí viven: albaneses, bosnios, goranis, gitanos, serbios y turcos. En un parque observé un monumento dedicado a la Madre Teresa de Calcuta, pues aunque había nacido en Skopie (Macedonia del Norte) era de origen albanés.

Después de unas tres horas paseando por Kosovska Mitrovica resolví cruzar hacia el lado serbio de la ciudad, que es llamado Mitrovica Norte. En un lado del puente sobre el río Ibar había un tanque y unos soldados italianos "carabinieri" con armas, que controlaban el paso de personas, no así de vehículos, algo que estaba prohibido. Hablé con ellos y me dijeron que también había soldados portugueses en esos controles, pero no españoles, debido a que España no reconoce la independencia de Kosovo.

En la ciudad de Kosovska Mitrovica los kosovares albaneses profesaban el islam y utilizaban el euro, mientras que los serbios de Mitrovica Norte eran cristianos ortodoxos y tenían el dinar serbio como moneda.

En una pared de Mitrovica Norte advertí un grafiti y la frase escrita en alfabeto cirílico: "Kosovo es Serbia y Crimea es Rusia". Había fotografías de Putin en algunas partes de la ciudad.

Tras emplear varias horas explorando Mitrovica Norte proseguí mi viaje y entré en Serbia.

La visita a Mitrovica Norte fue lo que más me inquietó de lo que vi y aprendí en todo el país de Kosovo.

La frase "Kosovo es Serbia y Crimea es Rusia" en una
pared de Mitrovica Norte.

UCRANIA

30 – El museo del holodomor en Kiev

Durante uno de mis viajes a Kiev visité el llamado "Museo Nacional del Holodomor-Genocidio", que había sido inaugurado en el año 2008. La entrada a él la marcaban dos estatuas de piedra en forma de ángeles y, al lado, había dos piedras que indicaban los años 1932 y 1933. Un poco más adelante observé una torre en forma de cirio –conocida como "la vela de la memoria"– y la escultura de una niña exageradamente delgada. En el sótano de ese museo me dieron todo tipo de información con folletos explicativos, además de un cirio, pues allí no había luz eléctrica. Finalmente, me mostraron una película explicativa que duró unos 20 minutos.

Según los folletos que leí, entre los años 1932 y 1933 murieron de inanición entre 3 y 4 millones de ucranianos como consecuencia del proceso de industrialización soviético, cuando se requisaba todo el grano a las cooperativas agrícolas.

Mi visita duró un poco más de una hora y debí contener las lágrimas de tanto que me inquietaron las fotografías que vi, así como por la representación gráfica de esa hambruna, la cual mostraba una campana, carretas cargadas con sacos de trigo, fotografías donde se veían a personas moribundas tendidas en el suelo, libros y recortes de diarios de la época.

Según mi guía, esa hambruna (que allí conocen con la palabra "holodomor") fue deliberadamente causada por Stalin para eliminar al pueblo ucraniano.

Regresé a mi alojamiento en Kiev bastante inquieto al conocer la historia de esa hambruna.

Una vez de regreso en España deseé conocer un poco más acerca de esos aciagos años en la Unión Soviética. Y pude así comprobar que la historia que me habían contado en ese museo era incompleta y victimista, pues durante los años 1932 y 1933 murieron entre 1,5 y 12 millones de personas en el conjunto de toda la Unión Soviética, incluyendo Ucrania, Kazajistán, las regiones rusas de los alrededores del río Volga, además de Krasnodar, Stavropol, Adygueya y Karachayevo-Cherkesia. Sin embargo, ni en Kazajistán ni en Rusia se ha erigido ningún memorial o museo recordando ese trágico período de la historia, a pesar de que los rusos y los kazajos habían perdido en él muchísimos más ciudadanos que Ucrania. Deduje de ello que la hambruna, por muy trágica que haya sido, no iba dirigida hacia el pueblo ucraniano.

Entrada al museo del Holodomor en Kiev
y la "vela de la memoria".

31 – El Callejón de los Ángeles en la ciudad de Donetsk

Cuando llegué a la ciudad rusa de Rostov del Don me dirigí a la estación de autobuses y pregunté por la próxima salida a la ciudad ucraniana de Donetsk, la capital de la auto declarada "República Popular de Donetsk" desde el año 2014. Pretendía conocer in situ la situación de ese territorio rebelde.

Fui entonces informado de que cada 2 horas había una salida hacia esa ciudad y de que, a pesar de ser yo extranjero, es decir, no ser ni ruso ni ucraniano, podría acceder a Donetsk, así que adquirí un billete y poco rato después abordé un autobús.

Calculé que a bordo seríamos unos 15 pasajeros, todos hombres a excepción de una anciana. No había niños. Durante el trayecto no conectaron la radio ni se escuchó música; nadie hablaba y la gente mostraba caras circunspectas. Me sentí inquieto por ese silencio sepulcral.

Durante el trayecto pasamos cerca de un monumento que debía conmemorar algún suceso militar. Dos horas después llegamos a la frontera.

Los agentes rusos de Emigración, sin ninguna pregunta ni comentario, sellaron mi pasaporte y me lo devolvieron al acto. Pregunté si me aceptarían en Ucrania y me respondieron:

—¿Y por qué no?

Me avisaron de que desde la ciudad de Donetsk no podría proseguir mi viaje hacia al resto de Ucrania, por ejemplo a Kiev, por lo que me vería forzado a regresar a Rusia.

Como disponía de un visado de entradas múltiples a Rusia no me importó ese aviso.

Leí que en el sello de salida de mi pasaporte estaba escrito el nombre de la población de Kuibyshevo.

Me extrañó el hecho de que resultara tan fácil alcanzar esa frontera sin que se me inquiriera sobre el propósito de mi viaje, pues en esos tiempos (año 2017) a diario ocurrían escaramuzas militares entre los soldados de Ucrania y los rebeldes de la República Popular de Donetsk.

Tras la frontera rusa el autobús cruzó un territorio neutral y poco después llegó a la frontera de la República Popular de Donetsk.

El nombre de la frontera ucraniana era Marinivka.

Todos los pasajeros tuvimos que descender del autobús para pasar por el control de pasaportes y equipajes.

Cuando el agente vio que yo no era ni ruso ni ucraniano tomó mi pasaporte y me hizo entrar en una habitación. Allí, un oficial me preguntó la razón por la que me dirigía a Donetsk y le contesté que, al ser ese día domingo, quería ir a la catedral de esa ciudad para participar en el servicio de misa y comprar un cirio pidiendo por la paz en la República Popular de Donetsk y en la vecina República Popular de Lugansk (otra república rebelde que también en el año 2014 declaró su independencia de Ucrania). Mi segundo motivo –expliqué al oficial– consistía en visitar en Donetsk un memorial llamado "Callejón de los Ángeles".

En realidad, yo pretendía quedarme unos días en Donetsk, conversar con los habitantes, ver con mis propios ojos la situación de esa república y no a través de los medios de comunicación, que suelen tergiversar los hechos. También deseaba visitar la catedral y ese callejón de los ángeles. Es más, tenía la intención de viajar desde la República Popular de Donestk a la República Popular de Lugansk. Al conjunto de las dos repúblicas se le conoce como "Dombas" (Donbas en ruso).

El agente me informó de que había llegado en un mal día y, señalándome unos agujeros en la fachada del edificio, me dijo:

—¿Ves esos impactos de bala? Ayer fuimos atacados por los fascistas ucranianos del Batallón de Azov; pero, afortunadamente, nadie resultó herido.

No sellaron mi pasaporte. Prometí que regresaría a Rusia el mismo día o el siguiente.

Continuamos nuestro viaje, pero justo antes de llegar a la ciudad de Donetsk fuimos detenidos por un control militar. Había un autobús en sentido contrario que también estaba siendo controlado por los soldados de la República de Donetsk.

Cuando comprobaron que yo era extranjero me ordenaron bajar de mi autobús y me obligaron a subir a otro que se dirigía a Rostov del Don. El motivo fue que en la mañana de ese mismo domingo unos francotiradores ucranianos habían asesinado a varios ciudadanos, mujeres y ancianos, cuando cruzaban las calles para comprar productos para comer.

Yo discutí y porfié con ellos pero, de modo amable, me indicaron que me estaban ayudando al impedirme entrar en la ciudad de Donetsk por el peligro de ese día. Me sugirieron volver a intentarlo unos días después.

Finalmente obedecí y salté al otro autobús. El conductor no me pidió que comprara un billete.

El autobús estaba completamente lleno. Todos los pasajeros eran hombres; ninguno de ellos tendría menos de 65 años de edad. No había música a bordo, todo el mundo estaba triste y silencioso, el ambiente era como el de un funeral.

Una vez de vuelta en Rostov del Don me comentaron que prácticamente no había ya niños en las repúblicas de Donetsk y Lugansk, ni tampoco quedaban mujeres jóvenes, pues muchas personas eran evacuadas cada día debido a la guerra con los soldados ucranianos.

El gobierno de Kiev desde el año 2014 impone el idioma ucraniano como único idioma oficial en Ucrania, estando prohibido el idioma ruso, que es mayoritario en el sur y este de Ucrania. La raza rusa también se considera secundaria en Ucrania, siendo la "raza ucraniana" (de origen escandinavo puro), junto a la tártara de Crimea, la de los crimchacos y la de los caraítas, las únicas con derechos y privilegios en Ucrania. De acuerdo con las leyes raciales de Ucrania, los rusos no son una raza pura escandinava o eslava porque se habían mezclado con tártaros y otras razas asiáticas y, por lo tanto, los rusos forman una segunda categoría de ciudadanos en Ucrania. Además, en toda Ucrania se había prohibido la literatura, música y otras artes de la cultura rusa, a pesar de que alrededor del 20% de la población ucraniana es rusa.

Todo comenzó en el año 2014, cuando en Kiev hubo un golpe de Estado (asistido por la CIA) para derrocar al presidente ucraniano democráticamente elegido y, en su lugar, colocar a un presidente ilegal, racista y de ideología rusófoba.

Una vez de regreso en Rostov del Don no intenté llegar a Lugansk, a pesar de que me ofrecieron un billete de autobús para esa ciudad. Pensé que había tenido suficiente información con esa experiencia tan inquietante en la República Popular de Donetsk para formarme una opinión ajustada del conflicto y no necesitaba otra más.

Resolví abandonar Rusia de inmediato para olvidar la situación triste y el sufrimiento de los ciudadanos de esas dos repúblicas rebeldes. Consecuentemente, abordé esa misma noche un tren con destino a Pskov, ciudad rusa fronteriza con Estonia.

La frontera en la República Popular de Donetsk.

ASIA

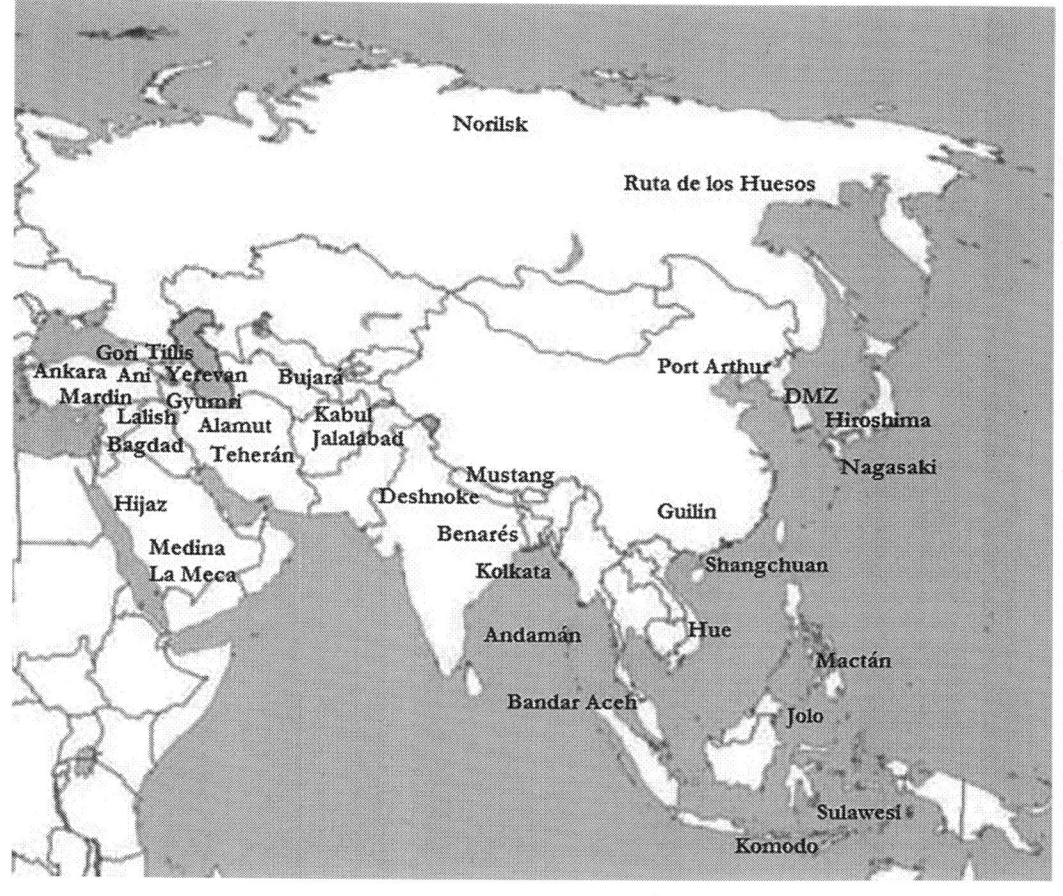

AFGANISTÁN

32 – El frente de guerra de Jalalabad

En mi inquietud por conocer mejor la naturaleza del hombre lle-gué como observador hasta las mismas trincheras del frente de gue-rra de Jalalabad, en Afganistán, en el mes de enero del año 1989, en tiempos de la ocupación del país por los soldados de la Unión Soviética para apoyar al gobierno afgano, que era de ideología mar-xista-leninista. Quería experimentar lo que siente el ser humano en esas circunstancias, frente a la muerte, para valorar más la vida y no desperdiciar ni un solo segundo en lo sucesivo. Viví junto a los muyahidines una semana llena de impresiones en la cual comprobé las consecuencias finales del cáncer de la sociedad: la guerra. Vi la muerte de cerca cuando alzaba mi cabeza por encima de las trin-cheras y me disparaban. Me familiaricé con el olor de la pólvora y tuve suerte de salir vivo de ese entorno bélico y regresar a Pakistán, tras haber esquivado tiros y bombas varias veces al día.

El horario de la guerra durante esos 7 días fue el siguiente:
– 05.00: Levantarse. Primera oración musulmana.
– 06.00: *Chai* y *naan* (té y una torta de pan). Aseo.
– 07.00: Buenos días rusos: una hora de bombas.
– 08.00: Disparar en el frente.
– 12:00: Pausa para la segunda oración musulmana. *Naan* y *chai*.
– 13:00: Reanudación de hostilidades, misiles soviéticos Scud y lanzamiento de granadas.
– 15:00: Pausa para la tercera oración musulmana.
– 16:00: Intensificación de enfrentamientos, bazucas y ametra-lladoras.

- 17.00: Pausa para la cuarta oración musulmana.
- 18:00: Fin de la guerra. *Chai* y *naan*.
- 19:00: Buenas noches rusas: una hora de bombas.
- 20.00: Quinta oración musulmana. Noticias de la radio BBC de Londres.
- 21.00: Aseo. Dormir.

Esos 7 días han sido los más inquietantes de mi vida y juré no repetir jamás una experiencia similar pues estimé que con una vez había tenido suficiente para conocer mejor la naturaleza humana en tiempos de guerra. Nunca olvidaré las lecciones aprendidas.

El séptimo día ascendí durante 6 horas a un paso montañoso junto a muyahidines que custodiaban prisioneros rusos y soldados afganos que habían capturado para llevarlos a un campo militar en el lado pakistaní. A los rusos los degollarían en el acto tras un interrogatorio, mientras que a los soldados afganos los intercambiarían por presos muyahidines. En el camino inverso venían mulas cargando obuses, proyectiles pesados y otras armas para ser entregadas a los muyahidines.

Esa noche dormí en un campamento militar dentro de Pakistán. Por la mañana me despedí de mis anfitriones y emprendí mi viaje a la India vía terrestre.

Prisioneros de guerra en Jalalabad.

33 – La prisión de Pul-e-Charkhi

Encontrándome en Islamabad –capital de Pakistán– me presenté en
la embajada de Irán y solicité un visado turístico, pero me fue dene-
gado categóricamente. Tras haber viajado por India y países vecinos
durante 6 meses me quedaba muy poco dinero, insuficiente para volar desde Pakistán a España, por lo que no se me ocurrió otra idea
que la de alcanzar mi país vía terrestre, utilizando trenes, autobuses,
el autostop y las dos piernas.

En consecuencia, compré un billete de tren a Quetta, la capital de la provincia de Baluchistán. Desde allí sería posible llegar a
Kabul evitando la guerra en Jalalabad. Además, me informaron de
que en la frontera entre Baluchistán y Afganistán no había control
y nadie me iba a solicitar un visado afgano. Lo intentaría –pensé–,
no tengo nada que perder. Además, no tenía mucho dinero. Si en
Kabul me concedieran el visado iraní podría encontrar el camino
a Turquía a muy bajo costo y desde allí sería fácil hacer autostop
hasta España.

El itinerario del tren era: Rawalpindi – Lahore – Multan – Quetta. El
viaje fue fantástico. Crucé el río Indo y me detuve en pueblos históricos,
como Multan, la ciudad de los sufíes.

Una vez en Quetta me alojé en el techo de un caravasar, porque hacía
mucho calor en las habitaciones.

Allí hice amistad con cuatro muyahidines afganos que al día siguiente irían con su Land Rover a la frontera con Afganistán, a Chaman. Me aconsejaron comprar ropa baluchi para así llegar a Kabul
sin parecer un europeo.

Siguiendo esa recomendación, al día siguiente por la mañana compré en un zoco un traje de Baluchistán, que incluía un pantalón ancho
y una chaqueta de mangas largas, además de un turbante. Una vez
disfrazado de baluchi, salimos a la frontera, a Chaman, adonde llegamos minutos después. Luego, entramos en un chaijana para celebrarlo,
tomando té y unos dulces. Tras ello, nos separamos.

Todos portaban armas en Chaman, incluso las mujeres. Pero no tuve
miedo ni sentí inquietud.

El primer pueblo del lado afgano fue Spin Buldak. No tenía visado, pero observé que en la frontera no había control, ni siquiera vi a

ningún soldado afgano, así que seguí adelante y compré un billete de autobús a Kandahar.

En una parada del autobús, dos hombres que aparentaban ser muyahidines propusieron llevarme a Kandahar en su coche, y yo confiadamente acepté. Poco podía saber que se trataba de confidentes del Gobierno afgano y eran una especie de buscadores de recompensas por muyahidín capturado. Por mi entrega en el departamento del Interior de Kandahar percibieron una buena cantidad de dinero, según averigüé más adelante, ya que me presentaron como un espía español.

De Kandahar fui enviado en un avión militar a Kabul, donde fui interrogado, juzgado por espía y condenado a pasar 5 años en una terrible prisión llamada Pul-e-Charkhi, en las afueras de Kabul.

Por fortuna, gracias a una conferencia de prensa que me obligaron a ofrecer, los periodistas extranjeros presentes dieron la noticia de mi captura. El Gobierno español intervino y envió a Kabul a un diplomático para negociar mi liberación.

Y el 19 de noviembre del año 1989, tras haber pasado encerrado en Pul-e-Charkhi 101 días, volaba en compañía del diplomático español a Madrid con escalas en Taskent y Moscú.

Esta experiencia inquietante la considero complementaria a la de mi estancia de una semana en el frente de guerra de Jalalabad.

Me hallo en la prisión de Pul-e-Charkhi días antes de ser liberado.

ARABIA SAUDITA

34 – El Ferrocarril del Hiyaz

Me encanta viajar en tren, mucho más que hacerlo en autobús o en barco, por ello procuré desplazarme entre las ciudades árabes utilizando este medio de locomoción allí donde fuera posible.

Cuando llegué a la ciudad de Tabuk –procedente de la capital Riad– me informé sobre el paradero de la estación ferroviaria para proseguir mi viaje en tren en dirección a la ciudad de Medina, a pesar de saber que la línea conocida como "Ferrocarril del Hiyaz" había dejado de funcionar hacía muchos años, pero tenía la esperanza de que estuviera en servicio algún tramo para los turistas.

Hiyaz es una región histórica localizada al oeste de la península de Arabia. Su capital es la ciudad de Yeda (Jeddah en inglés), en el mar Rojo.

Localicé la estación y descubrí que la habían convertido en un museo. El empleado al cargo me invitó a tomar un té acompañado de dátiles, luego me hizo firmar un libro de invitados y, a continuación, me explicó que en los años de 1960 se intentó restaurar el servicio ferroviario desde Tabuk a Medina; pero, al comenzar la Guerra de los Seis Días contra Israel (en el año 1967), el proyecto fue pospuesto, aunque el Gobierno de Arabia tiene intención de reanudarlo en el futuro.

Por unos folletos que el empleado me regaló y que leí mientras visitaba el museo, aprendí que el Ferrocarril del Hiyaz estuvo activo desde el año 1908 a 1916 entre las ciudades de Damasco y Medina. La línea fue proyectada por un sultán otomano con la idea de ampliarla a Estambul, para así reducir el tiempo de los peregrinos que se dirigían a las ciudades sagradas musulmanas de Medina y La Meca, ya que, hasta entonces, los peregrinajes se efectuaban viajando a pie, en caravanas de camellos a través del desierto de Arabia. Paralelamente, esa línea ferroviaria sería empleada para trasladar tropas otomanas por esa península.

Sin embargo, pronto surgieron los contratiempos. Por un lado, los camelleros árabes temieron que ese medio de transporte por raíles les restaría trabajo y ya no podrían ofrecer sus servicios. Y por otro lado, un militar y espía inglés llamado Thomas Edward Lawrence (conocido en Europa como "Lawrence de Arabia") durante la conocida "Rebelión árabe" realizó acciones terroristas contra los trenes de esa línea ferroviaria, destruyendo varios tramos en el contexto de la Primera Guerra Mundial –de 1914 a 1918.

Esa historia sobre el espía inglés me inquietó, pues en mi adolescencia había visto una película titulada "Lawrence de Arabia" –donde el actor inglés Peter O' Toole interpreta a Thomas Edward Lawrence– y me había parecido un osado aventurero. Sin embargo, por las fotos que se exhibían en ese museo comprobé que en Arabia –así como en los demás países de Cercano Oriente– está considerado un terrorista, un sádico y un criminal de guerra que traicionó a los árabes para favorecer a Inglaterra y a Francia.

En ese museo, además de las fotos de la época mostrando los crímenes de Thomas Edward Lawrence, vi una locomotora restaurada y un vagón de mercancías, además de varias reliquias de la época.

De Tabuk viajé en autobús a la ciudad de Al Ula, ubicada en la antigua Ruta del Incienso, y al día siguiente me inscribí en una excursión para visitar las ruinas y tumbas de los nabateos en Madain Saleh –o Hegra–, lugar que había constituido una escala en el Ferrocarril del Hiyaz.

Antes de comenzar la excursión una guía nos mostró la antigua estación ferroviaria donde se encontraban vagones y locomotoras, con algunas barracas. Todo era muy didáctico. Un letrero informaba de que esa estación fue bombardeada y destruida por la Royal Air Force (RAF) del Reino Unido.

Esta segunda visita tras las huellas del Ferrocarril del Hiyaz me inquietó todavía más que el museo de Tabuk, pues había raíles medio enterrados y locomotoras oxidadas, lo cual ayudaba a hacerse una idea clara de cómo debió de ser ese Ferrocarril del Hiyaz durante su existencia.

El museo al aire libre del Ferrocarril del Hiyaz en Madain Saleh.

35 – PEREGRINAJE PROHIBIDO A MEDINA Y LA MECA

Mi viaje a las ciudades árabes de Medina y La Meca ha sido el más inquietante que he realizado en Arabia, y fue posible gracias a que los controles para penetrar en esos lugares sagrados –otrora prohibidos a los no musulmanes– se habían relajado en los tiempos en que yo los visité.

Arabia Saudita es un país donde se profesa el islam de manera abrumadora, predominando la variante sunita. Allí no está permitida la práctica de ninguna otra religión.

Mi visita a La Meca y Medina la realicé cuando el Gobierno de Arabia Saudita abrió el país al turismo. Hasta bien entrado el siglo XXI, todo "infiel" (no musulmán) que era sorprendido penetrando en esos dos lugares sagrados del islam era linchado y ejecutado *in situ*.

El primer viajero no musulmán del que se tenga constancia de haber entrado en La Meca fue el aventurero y escritor italiano (de

Bolonia) Ludovico de Varthema en el año 1503, camuflado como fiel en una caravana de peregrinos. Y el primer español no perteneciente a la religión de Mahoma fue el barcelonés Domingo Badía, quien, siguiendo órdenes de Manuel de Godoy para actuar como espía en el Cercano Oriente, se caracterizó como un árabe y se hizo llamar Alí Bey, alcanzando La Meca en el año 1807.

Como yo venía de Tabuk, la primera de estas dos ciudades santas en la que entré fue Medina, quedándome en ella un día entero alojado en casa de un amigo árabe, quien también había invitado a dos jóvenes viajeros alemanes. Por la noche, aconsejado por mi amigo, los dos alemanes y yo compramos una túnica local –allí llamada *thawb*– que nos cubrió el cuerpo desde el cuello hasta los tobillos. Nuestra intención era entrar esa misma noche en la Mezquita del Profeta, la segunda más sagrada del mundo musulmán –tras la de La Meca–; pero al llegar a un control nos informaron de que hasta las 2 de la madrugada no se permitía el acceso a su interior. En consecuencia, a la mañana siguiente lo intentamos de nuevo y esa vez sí que nos permitieron entrar en ella. Para mí fue un momento inquietante, pues nunca creí que fuera tan fácil introducirme en su interior.

Vi a numerosos fieles rezando, otros se tumbaban en las alfombras, había quienes leían el libro del Corán y hasta unos pocos hablaban o dormían. Las formas del interior me recordaron a las de la mezquita de Córdoba, en España –hoy convertida en catedral católica.

Contemplé el exterior de la cúpula verde que alberga la tumba de Mahoma junto a los dos primeros califas, pero para acceder a ella se requería un permiso especial del que carecíamos.

Mi amigo árabe nos explicó que Mahoma nació en el año 570 en La Meca y murió en Medina en el 632, probablemente tras ingerir carne envenenada.

Aparte de la Mezquita del Profeta había muchos otros lugares históricos en Medina que hubiera deseado visitar, pero mi amigo árabe debía regresar ese mismo día a su pequeño palacio en Yeda, en el mar Rojo, prometiendo llevarnos a mí y a los dos alemanes en su coche a La Meca al día siguiente. Y los tres aceptamos complacidos, pues a todos nos emocionaba la idea de penetrar en La Meca, suponiendo, acertadamente, que al ir acompañados de un árabe nos sería más fácil conseguirlo que de intentarlo en solitario.

Yo ignoraba entonces que Medina era ya en esos tiempos una ciudad abierta a todo visitante, a excepción de la Mezquita del Profeta. Y otro tanto sucedía con La Meca, donde ya no se observaba a rajatabla la orden dada por Mahoma en el siglo VII de prohibir la entrada a todo "infiel". Deduje que si un visitante no musulmán es respetuoso con el islam podía libremente visitar ambas ciudades y penetrar en sus mezquitas.

Bien temprano a la mañana siguiente partimos desde Yeda hacia La Meca. Por el camino íbamos todos exaltados, en silencio, ataviados con nuestros *thawb*. Al llegar a la plaza sagrada Haram nos informaron de que la entrada a la Gran Mezquita de La Meca (Másyid al-Haram) estaba restringida para controlar la pandemia del COVID-19, por lo que solo se podía acceder a ella mediante un permiso que había que solicitar con antelación.

Fue un duro golpe, pues todos deseábamos con vehemencia tocar la Kaaba, aunque el hecho de encontrarnos en esa plaza y ver el exterior de esa mezquita sagrada era ya un logro inesperado.

En el Haram vimos numerosos fieles vestidos con sus dos telas blanca, a manera de toallas, que habían llegado a La Meca para realizar el peregrinaje, llamado *Hajj* –Hach–, que es uno de los cinco preceptos del islam, junto a la profesión de fe, la oración cinco veces al día, dar limosna a los menesterosos y el ayuno durante el mes musulmán de Ramadán.

Nuestro anfitrión, al percibir nuestra aflicción por no poder acariciar la Kaaba, nos condujo a un hotel vecino llamado Makkah Clock Royal Tower, donde desde un piso superior se podía avistar la Kaaba a través de un gran ventanal.

Al cabo de unas 4 horas de estancia en La Meca regresamos a Yeda moderadamente satisfechos, a la vez que inquietos, por todo cuanto habíamos observado y aprendido.

Penetré en la mezquita sagrada de Medina
vestido como un peregrino musulmán y asiendo el
libro del Corán entre mis manos.

ARMENIA

36 – El monumento Tsitsernakaberd

Visité Armenia por primera vez en el año 1987, en tiempos de la Unión Soviética. Una agencia de viajes de Madrid me contrató para acompañar a una veintena de turistas españoles en un circuito llamado "La Gran Ruta", visitando durante tres semanas diversas ciudades del Cáucaso y de Asia Central. Yo era el responsable del grupo y el traductor, el que controlaba las condiciones de los hoteles, las comidas, etc., pero el verdadero guía era una joven mujer moscovita de la agencia estatal Intourist, que hablaba el español. Ella poseía una libreta con bonos para ir pagando los servicios a lo largo de la ruta, como fueron hoteles, comidas, guías locales, billetes de tren y avión, a los chóferes de autobuses y a los mozos de maletas que nos esperaban en las estaciones de trenes y en los aeropuertos.

En Ereván, la capital de Armenia, teníamos asignados 3 días de visitas. La mañana de uno de ellos fuimos conducidos por nuestra guía a un lugar en las afueras de Ereván que sería el más inquietante de todo el circuito. Se llamaba Tsitsernakaberd –que se puede traducir como "fortaleza de las pequeñas golondrinas"–, consistente en un memorial dedicado al, aproximadamente, millón y medio de armenios que fueron víctimas del llamado "genocidio armenio", perpetrado entre los años 1915 y 1923 por parte del Imperio otomano.

Al llegar al monumento, erigido sobre una colina, la guía nos invitó a entrar en unos jardines para que pudiéramos disfrutar de la vista panorámica con la ciudad de Ereván al frente y, a lo lejos, el monte Ararat, localizado en territorio turco.

Cuando la guía vio que algunos de los turistas se sentaban, los reprendió:

—¡Aquí no os podéis sentar porque es un sitio sagrado!

Los turistas, algo asustados, se levantaron de inmediato y entonces entramos en el interior del "Museo del Genocidio Armenio", compuesto por 12 grandes losas que simbolizan las doce provincias armenias perdidas en el actual territorio de Turquía. Allí vimos una llama eterna y diversas fotografías relacionadas con el genocidio. En el exterior, una estela de basalto gris de 44 metros de altura representaba el renacimiento del pueblo armenio.

Todos los turistas y yo salimos de ese memorial en silencio, petrificados, pero solidarizados con el pueblo armenio. Para compensar esa visita inquietante, por la tarde fuimos conducidos a una fábrica de coñac llamada Ararat, donde nos incluyeron dos degustaciones.

El monumento Tsitsernakaberd en las afueras de Ereván.

37 – El terremoto de Gyumri en el año 1988

Tenía un interés especial en viajar a la milenaria Gyumri, ciudad que sufrió un siniestro terremoto el 7 de diciembre del año 1988 llevándose la vida de unos 50.000 de sus ciudadanos, además de ocasionar muchos miles de heridos. Precisamente un día después, el 8 de diciembre de ese año, yo me encontraba en la ciudad turca de Kars, a apenas 50 kilómetros de la armenia Gyumri. En Kars hubo varios fallecidos por el terremoto y la ciudad estaba en alerta, lo que no impidió que las autoridades militares turcas me emitieran un permiso para visitar las ruinas de la histórica ciudad de Ani, a orillas del río Ajurián –conocido como Arpachai para los turcos–, que separaba Turquía de la entonces República Socialista Soviética de Armenia, dentro de la Unión Soviética.

La oportunidad de visitar Gyumri me surgió dos décadas más tarde, ya en el siglo XXI. Al llegar a esa ciudad me alojé en un hotel llamado Berlín, que había sido una donación del Gobierno alemán a Armenia para acoger a los ciudadanos que perdieron sus casas a causa del terremoto de 1988.

El director del hotel Berlín opinaba que las almas de esas 50.000 personas que murieron en un solo día aún deben seguir flotando por el cementerio y me aconsejó visitarlo para experimentar esa sensación si estaba interesado en los lugares sagrados, como le había contado.

Yo no le hice mucho caso, pues me interesaba más el conocer otros aspectos de esa ciudad, como sus iglesias, monasterios, una fortaleza rusa redonda como si fuera una plaza de toros y, finalmente, acercarme a orillas del río Ajurián para avistar Turquía.

La primera parte de la mañana la empleé en explorar todos esos lugares previstos, además del fantástico Museo Sergey Merkurov –nombre de un escultor nacido en Gyumri–, ubicado en un edificio de dos plantas que en el pasado fue un palacio. Ese lugar me pareció mágico por un fenómeno sobrenatural que me señaló la guía del museo, lo cual me turbó por la inquietud que experimenté. Se trataba de la visión –en una vitrina de cristal– de la cara de una mujer anciana que te miraba de modo circunspecto. Yo tomé varias fotografías de esa vitrina, pero en ninguna de las fotos aparecía la mujer vieja; parecía algo sobrenatural, nunca antes en la vida me había sucedido nada igual.

Muchos de los edificios de Gyumri aún seguían en ruinas, a pesar de que los armenios ricos que vivían en países extranjeros enviaron mucho dinero para la reconstrucción de la ciudad, entre ellos el cantante franco-armenio Charles Aznavour, a quien le habían levantado una estatua en el centro de Gyumri.

Al dirigirme a un restaurante folclórico, sito en las caballerizas del Museo Sergey Merkurov, donde un grupo de músicos interpretaba temas folclóricos con el duduk –la flauta nacional armenia– para amenizar las comidas, justo pasé por el camposanto y algo sucedió que entré en él sin habérmelo propuesto, como si fuera empujado por manos invisibles. Como aún tenía tiempo para llegar al restaurante, me entretuve observando entristecido las tumbas dentro de rejas metálicas, muchas de ellas pertenecientes a niños. Fue cuando llegué a una de ellas que me llamó la atención por ver en la lápida una frase escrita en ruso que me era familiar por haberla leído en un libro de viajes durante mi adolescencia, cuyo autor fue un viajero y místico griego-armenio llamado George Gurdjieff, nativo de la ciudad de Gyumri y primo del escultor Sergey Mercurov. Esa frase, traducida al español, decía:

"Yo soy tú, tú eres yo, él es nuestro, los dos somos de él. Que todo sea para nuestro prójimo".

En su libro, Gurdjieff ruega a sus lectores escribir esa frase como epitafio en la lápida de su padre. Y un lector ruso debió de hacerlo. El padre de Gurdjieff había sido asesinado por los turcos en el transcurso de un pogromo.

Tras esa visita al camposanto me marché a almorzar en el restaurante tradicional, donde hice amistad con personas notables de Gyumri relacionadas con la historia de Armenia, quienes me enriquecieron con conocimientos sobre su ciudad.

Al día siguiente, tras agradecer la hospitalidad al personal del hotel Berlín, tomé un minibús hacia la catedral de Etchmiadzin –el centro religioso de Armenia–, la cual me emocionó, pero la visita a Gyumri fue más inquietante y perduró más tiempo en mi memoria.

En Gyumri encontré la tumba del padre del místico armenio
George Gurdjieff.

CHINA

38 – LA ESTANCIA DEL JESUITA FRANCISCO JAVIER EN LA ISLA DE SHANGCHUAN

Mediante un autobús y un barco llegué desde Macao a la isla de Sancian, o de San Juan (São João en portugués), pero los chinos la conocen como Shangchuan.

Una vez en el puerto, me informé del paradero de la iglesia donde murió san Francisco Javier y, a continuación, caminé hacia ella.

Se hallaba a unos 7 kilómetros del puerto. Un arco de la entrada anunciaba en chino y en inglés: "St. Francis Xavier Graveyard".

Soy un seguidor de san Francisco Javier y he trazado sus pasos en la mayoría de los lugares relacionados con él, como es el castillo de Javier –en Navarra–, la isla de Mozambique, las islas Malucas, Malaca, Ceilán, Socotra, Melinde, etc., y hasta visité su tumba en Goa (India).

En el siglo XVI los chinos cedieron la isla de Shangchuan a los portugueses, junto al enclave de Macao. Francisco Javier estuvo esperando en esa isla el permiso de las autoridades chinas para poder cruzar al continente; pero los chinos tardaron tanto en contestar que Francisco Javier acabó muriéndose en esa isla un 3 de diciembre de 1552. Tenía 46 años.

El alcanzar ahora el lugar donde murió san Francisco Javier era como una culminación a mis viajes anteriores tras sus huellas.

Iba alborozado subiendo los escalones que me conducían a la iglesia, cuando fui interceptado por una señora con un recibo. Para seguir debía comprar un billete de entrada. Me sorprendió que para visitar esa iglesia se tuviera que pagar, pero lo hice. De todos modos, no era cara la entrada y bien debían percibir un sueldo los vigilantes, una familia con una niña.

Esa señora fue muy amable cuando le dije que era español –como el santo– y me enseñó todos los lugares, desde el emplazamiento donde estuvo la tumba hasta los monumentos, las cruces, la iglesia en general y un pañuelo navarro de color rojo, comprado en el castillo de Javier, que le había sido regalado en el año 2006 por un aventurero español llamado Álvaro de Marichalar.

Todos los católicos que viven en los países asiáticos conocen a san Francisco Javier como el "apóstol de Asia" y han convertido ese santuario en Shangchuan en un lugar de peregrinaje, sobre todo de japoneses.

Una de las esculturas del patio de la iglesia fue donada por los fieles católicos de Japón. También encontré en lo alto de la colina un "padrão" en honor a san Francisco Javier, donado por Portugal.

Me quedé unas 3 horas casi extasiado admirando el lugar. La vista del mar desde lo alto de esa colina era bella. Sin embargo, me sentí inquieto por conocer el destino de san Francisco Javier en esa isla a una edad tan temprana, cuando sus planes eran evangelizar China.

Regresé al puerto y localicé un hotel encantador donde dormiría esa noche. Cené en el restaurante de la planta baja una gran bandeja de pescado fresco delicioso, acompañado de una cerveza Tsingtao.

La iglesia del jesuita Francisco Javier
en la isla de Shangchuan.

39 – LA REVOLUCIÓN CULTURAL EN GUILIN

Arribé en tren a medianoche a la ciudad de Guilin, en la Región Autónoma Zhuang de Guangxi. Estaba lloviendo copiosamente, por lo que alquilé un carro tirado por un burro hasta el hotel Osmanthus, del cual ya tenía nota. En la entrada, los recepcionistas me llevaron a un dormitorio en el ático –donde había ya varios extranjeros durmiendo– y no tardé en tumbarme en una cama.

Me desperté tarde por la mañana y al mirar por las enormes cristaleras hacia el exterior no creía lo que veían mis ojos: alrededor del hotel había grandes montañas rocosas por todas partes, llenas de vegetación y con bellas pagodas en las cimas; aquello era una de las mayores fantasías de mi viaje por China. Abajo, el río Li atravesaba la ciudad y numerosas barcas de formas originales lo transitaban.

Bajé rápido y noté que la gente era muy agradable y me sonreía al notarme extranjero. Toda la ciudad era preciosa, poseía un ambiente magnético.

Seguí paseando toda esa mañana subiéndome por las montañas al azar para contemplar la ciudad desde las alturas.

Al relacionarme con los chinos, noté un alto porcentaje de nativos de la etnia zhuang, que alcanza un tercio de la población total de la Región Autónoma Zhuang de Guangxi.

Los zhuang suman 18 millones de seres, por lo que representan la segunda etnia más numerosa de toda China tras la etnia han. Ellos observan su propia religión tradicional animista –que llaman Mo– basada en el culto a los antepasados y tienen sus chamanes, o intermediarios entre las fuerzas divinas y el hombre.

A orillas del río Li visité el parque de las Siete Estrellas con sus delicadas pagodas, los siete picos de sus montañas, jardines, cuevas con estalactitas y estalagmitas e incluso un zoo con monos muy granujas que al turista que se descuidaba le robaban el bocadillo, la gorra o las gafas.

Pero lo que pensé que sería una visita extremadamente grata se convirtió en inquietante al constatar los destrozos ocasionados en esa frágil ciudad durante la llamada "Revolución Cultural", entre los años 1966 y 1976, cuando el país era gobernado por

Mao Zedong (también conocido como Mao Tse-Tung), quien alentó esa revolución.

En ese parque advertí estatuas budistas, pero muchas estaban deformadas, sin cabeza y sin extremidades, como si las hubieran martilleado. Habían sido mutiladas durante la Revolución Cultural, en el transcurso de la cual en Guilin (como en prácticamente toda China) se cometieron infinidad de atrocidades a manos de estudiantes desquiciados, que eran los componentes de la denominada Guardia Roja.

Esa revolución preconizaba destruir de raíz lo que ellos llamaban los "Cuatro Viejos", que eran: viejas costumbres, vieja cultura, viejos hábitos y viejas ideas, pues todo ello lo consideraban "anti proletario".

Se calcula que, a causa de la Revolución Cultural, alrededor de 20 millones de ciudadanos perdieron la vida en toda China y 100 millones fueron perseguidos. Se saquearon museos, casas particulares de gente de clase alta que era sospechosa de ser burguesa, se quemaron libros únicos de gran antigüedad, así como pinturas de artistas ilustres, se dañó el Templo del Cielo en Beijing y los mausoleos de los emperadores Ming.

En la Región Autónoma Zhuang de Guangxi la Revolución Cultural se cobró la vida –entre asesinatos directos y linchamientos– de unas 150.000 personas. Ese horrendo capítulo en la historia de China acabó en 1976 con la muerte de Mao Zedong.

Seguí visitando los lugares bellos de la ciudad de Guilin durante dos días más, pero cuando la abandoné para proseguir mi viaje a Hong Kong mis sensaciones estaban divididas entre las producidas, por un lado, por la belleza sin par de Guilin y sus alrededores y, por el otro, por la inquietud que me causó lo acontecido en los 10 años anteriores a la muerte de Mao Zedong.

Bello escenario montañoso junto al río Li
cerca de la ciudad de Guilin.

40 – Excursión a Port Arthur

Me encontraba una buena mañana en la ciudad de Dalian, en la provincia de Liaoning, esperando un ferri que me transportara esa noche a Yantái, en la provincia de Shandong, atravesando el estrecho de Bohai.

¿Cómo emplear aproximadamente 10 horas hasta la salida del barco? El día anterior ya había explorado la ciudad de Dalian, por lo que resolví apuntarme a una excursión en un autobús a la península de Liaodong con paradas en los lugares históricos rusos de Port Arthur, ya que la zona portuaria de Dalian –ciudad conocida por los rusos como Dalny– fue controlada por los rusos por unos años tras serle concedido un protectorado por los chinos. Los rusos conocían esa zona como Port Arthur y en el año 1955 la reintegraron a China, cuando pasó a llamarse Lüshunkou.

Durante todo ese día visitamos la antigua estación de trenes rusa de Lüshan, con arquitectura que recordaba las ciudades siberianas. También paramos en un zoológico donde había tigres de Amur; luego, en una playa de la costa del mar de Bohai y en un poblado con estatuas de Buda. Cuando llegamos a una especie de museo militar con baterías ocultas en las rocas, al ser extranjero me prohibieron la entrada y tuve que esperar fuera al grupo durante media hora.

Pero lo más didáctico de esa excursión fue ver un monolito de mármol celebrando la amistad chino-soviética y entrar en el museo cercano dedicado a la historia de las invasiones inglesa, japonesa y rusa de la península de Liaodong. En su interior había estatuas de tamaño natural representando a los japoneses y multitud de fotos reales en blanco y negro denunciando los crímenes de la "Masacre de Port Arthur" por los japoneses.

Las fotografías espeluznantes que allí vi me hicieron sentir inquieto y, en cierta medida, estropearon mi estado de ánimo.

Por lo que leí en los letreros y más tarde comprobaría, aprendí que, en apenas 3 días, en esa zona los soldados japoneses asesinaron sin piedad a unos 20.000 militares y civiles chinos en represalia por los varios soldados japoneses que habían dejado en Port Ar-

thur por estar heridos, los cuales habían sido mutilados y quemados vivos por los chinos. Los japoneses entraron sistemáticamente en, absolutamente, todas las casas y mataron a todos los que las habitaban, fueran ancianos o niños, mujeres embarazadas o bebés de pecho; solo dejaron con vida en todo Port Arthur a una treintena de chinos adultos, los justos para que enterraran a las dos decenas de miles de cadáveres que dejaron.

Representación de militares japoneses en el interior del museo en Port Arthur.

Al devolvernos a Dalian, todavía inquieto y apesadumbrado por la visita a ese museo, abordé el barco con destino a Yantái, en la provincia de Shandong.

COREA DEL SUR

41 – DMZ, zona desmilitarizada entre las dos Coreas

Sin duda, la excursión de un día más inquietante que organicé en Seúl fue la que me condujo a la Zona Desmilitarizada, o DMZ, en PAN MUN JOM.

Estaba alojado en un hostal de Seúl (capital de Corea del Sur) cuando me propusieron la visita a PAN MUN JOM, o Panmunjom, la frontera entre las dos Coreas, la del Norte y la del Sur. El precio no era excesivo y me lo podía permitir, así que me incorporé al día siguiente.

El bus estuvo recogiendo turistas en varios hoteles hasta llenarse. Noté que yo era el único europeo en el autobús; todos los demás turistas eran coreanos, o al menos lo parecían. La noche anterior ya me habían aconsejado no vestir pantalones vaqueros y no hacer fotos en determinados lugares. Estuve de acuerdo con todas las condiciones.

Hubo muchos puestos de control en la frontera, la más militarizada del mundo. Algunos de los turistas incluso tenían miedo porque nos dijeron que, si no obedeces las instrucciones sobre tomar fotografías o hacer movimientos sospechosos en la frontera, los soldados norcoreanos pueden dispararte, lo que ya había sucedido en el pasado.

Habíamos llegado al límite de la Línea de Demarcación Militar, no lejos de la ciudad norcoreana de Kaesong. Vimos por los alrededores muchos monumentos a los caídos durante la Guerra de Corea entre 1950 y 1953. Incluso notamos un monumento dedicado a los periodistas que murieron en esa frontera cubriendo las noticias y otro que pedía la reunificación de las dos Coreas. También había cintas en los árboles que simbolizaban oraciones por la paz. Se nos había aconsejado que, de pasar cerca de un soldado, no debíamos bajo ningún motivo hablar con ellos, cosa que todos obedecimos a rajatabla.

En la frontera los soldados, tanto de Corea del Norte como de Corea del Sur, parecían estatuas de sal y ni siquiera los vi parpadear.

Solo tuvimos la oportunidad de hablar con un soldado estadounidense en la tienda de suvenires. Fue muy amable y nos dio mucha información histórica en inglés sobre la DMZ. Incluso podía hablar español con fluidez.

El momento más inquietante fue cuando cruzamos, uno por uno, a la sala de la Zona Conjunta de Seguridad, entre las dos Coreas.

Unas horas más tarde regresé a mi alojamiento muy satisfecho, con la sensación de haber viajado a la frontera más inquietante del mundo.

Me hallo en la zona desmilitarizada
entre las dos Coreas (DMZ).

FILIPINAS

42 – La muerte de Magallanes en la isla de Mactán

A los 12 años me enseñaron en la escuela que Fernando de Magallanes había muerto en la isla de Mactán, en Filipinas. Desde entonces deseé poder viajar a esa isla cuando fuera adulto.

Y ese momento llegó en el año 1982, cuando desembarqué en el puerto de la ciudad de Cebú, unida a la isla de Mactán por un puente.

Fue en Cebú donde la flota de Fernando de Magallanes llegó con tres barcos en el año 1521. Allí entabló al principio relaciones amistosas con un cacique llamado Humabón, que enseguida se convirtió al cristianismo junto a varios centenares de sus súbditos. Magallanes le regaló a la esposa de Humabón la figura del Santo Niño, muy reverenciada en Filipinas –la cual se preserva en la basílica del Santo Niño de Cebú– y plantó una gran cruz de madera que aún hoy se encuentra en una capilla frente a la basílica.

Un día, Humabón solicitó ayuda a Magallanes para castigar a unos enemigos suyos que vivían en la vecina isla de Mactán –cuyo reyezuelo se llamaba Lapulapu– y le ofreció a sus hombres para apoyarle.

Magallanes despreció la ayuda de los indígenas de Humabón e hizo caso omiso de los consejos de los españoles, quienes le instaban a no pelear, más aún estando cojo después de haber sido herido en una batalla portuguesa contra los moros en Marruecos.

Magallanes tomó una cincuentena de sus hombres y se enfrentó en la playa de Mactán a unos 1500 nativos.

La batalla duró varias horas y fue cruenta; varios españoles murieron en ella.

Los nativos, al ver a Magallanes herido en una pierna por una flecha envenenada, le rodearon y le clavaron sus cimitarras, lanzas y flechas hasta matarlo. No se recuperó su cadáver.

A Magallanes le substituyó su cuñado. Pero cometió el error de aceptar una invitación de Humabón, en medio de la cual él y unos 25 españoles fueron asesinados por centenares de isleños.

Las tres naves zarparon rumbo a la vecina isla de Bohol, donde se quemó una —llamada Concepción— por falta de hombres para pilotarla, ya que solo quedaban unos 115 de los aproximadamente 245 marineros que habían salido de Sevilla en el año 1519.

El nuevo comandante de los dos barcos fue un portugués, pero, debido al comportamiento impropio de su nuevo cargo, como cometer actos de pillaje en Brunei —en la isla de Borneo, donde se perdieron varios hombres en unas reyertas con los nativos—, fue destituido, siendo nombrado nuevo jefe de la expedición el burgalés Gonzalo Gómez de Espinosa, capitaneando la nave Trinidad. La Victoria estaría al mando del guipuzcoano Juan Sebastián Elcano.

Eventualmente, las dos naves atracaron en las islas Malucas.

Para averiguar más sobre esa expedición, desde Cebú realicé una excursión de un día completo a la vecina Mactán. Allí contemplé un monolito de piedra de unos 30 metros de altura que había sido ordenado erigir por la reina española Isabel II.

Había también en ese recinto una estatua de Lapulapu y un mural donde de manera muy descriptiva se representaba la batalla de Mactán y la muerte de Magallanes.

Fue en ese momento cuando sentí una gran emoción por haber cumplido un sueño de niñez y, al mismo tiempo, experimenté una gran inquietud por la suerte de los españoles caídos en las reyertas y traiciones de los nativos filipinos.

De vuelta en Cebú navegué a Zamboanga, en la isla de Mindanao.

Muestro el mural donde se representa la muerte de Magallanes.

43 – Las pateras filipinas a Malasia

Las aventuras que experimenté en mi viaje en barco desde la ciudad de Zamboanga –en la isla filipina de Mindanao– hasta el estado malayo de Sabah, en la isla de Borneo, me causaron una gran inquietud por los peligros a los que me expuse.

Cuando desembarqué en la isla de Mindanao leí en la entrada al puerto:

"BIENVENIDOS A ZAMBOANGA".

En esa ciudad un español se siente como en casa hablando en "chabacano", una lengua criolla basada en el español, lo que me permitió hacer numerosas amistades cuando los nativos averiguaban mi nacionalidad.

El propósito de mi viaje al sur de Filipinas consistía en cruzar en barcos el archipiélago de Sulu y alcanzar la isla de Borneo para, finalmente, proseguir viaje hasta Singapur.

Mis nuevos amigos en Zamboanga me previnieron del peligro que iba a correr intentando navegar hasta Borneo, debido a los guerrilleros que habitan en la isla de Jolo, los cuales son miembros del denominado "Frente Moro de Liberación Nacional", que mantiene en jaque al Ejército filipino. Su propósito es lograr la independencia de las islas de Mindanao, Palawan, más el archipiélago de Sulu y Tawi Tawi, e instalar un gobierno popular. Pero esta información no me hizo cambiar de planes viajeros.

En el puerto de Zamboanga abordé un barco hacia la isla de Jolo, adonde llegaría a los dos días de travesía, tras efectuar una breve escala en la isla de Basilan.

A la llegada al puerto de Jolo comencé a pasear por el pueblo. Vi que los soldados filipinos iban armados hasta los dientes y no me permitieron abandonar la ciudad, aduciendo que no tenían el control de la isla, por lo que temían que los guerrilleros, ocultos en la jungla, pudieran dispararme o tomarme como rehén para chantajear al Gobierno filipino o a la embajada de mi país.

Por la noche tomé otro barco que un día después me depositó en Siasi. Allí los niños me seguían, llamándome "¡Melika, melika!", lo que en su dialecto significa "americano".

No buscaba explorar las islas donde hacía escala, sino llegar cuanto antes a Borneo; por ello, en Siasi solo permanecí ese día y, al siguiente, navegaría a la isla de Bungao. Durante la travesía atravesamos poblados de palafitos de madera, islas sin tierra en medio de la nada. Las gentes nos miraban a lo lejos.

A bordo de ese barco hice amistad con los bajau, conocidos como "gitanos marinos", que forman un grupo étnico habitante de las islas de ese archipiélago. Todos ellos profesan el islam.

Al llegar a Bungao tomé inmediatamente una lancha fuera borda hasta la isla de Sitangkai, conocida como la "Venecia Filipina" por sus canales. En ella había una "calle" principal que, en realidad, era un canal atravesado por puentes de madera. Tanto las casas como las mezquitas eran de madera.

Los bajau se dedicaban a la pesca, al transporte y al contrabando de güisqui con Sabah, al estar allí prohibida su venta.

Me quedé una semana en Sitangkai y fui huésped en la casa de un bajau. Desde Sitangkai podría acceder a la vecina isla de Borneo en patera, junto a emigrantes ilegales, cuando las condiciones fueran apropiadas.

Unos días la marea estaba baja y la patera no podía salir por tocar fondo, mientras que otros había luna llena, cuando la Policía militar filipina nos podía descubrir muy fácilmente.

Los días de espera en Sitangkai me sirvieron para familiarizarme con sus inesperadas gentes. Me paseaba por los puentes de madera, contemplaba el interior de las mezquitas, iba a visitar a los nuevos amigos que hacía constantemente y observaba con gran curiosidad la original forma de vida en esa isla, como una riña callejera entre dos mujeres porque una le había "robado" el marido a la otra, los pescadores que desde una barca en la calle principal ofrecían a gritos sus pescados frescos, o una boda gitana entre dos bajau muy jovencitos; el novio debía de tener trece años y la novia no más de doce. Parecía que estaban haciendo la Primera Comunión.

Por fin llegó el día propicio para viajar a Borneo. Era medianoche. Usamos los remos y salimos silenciosamente de Sitangkai.

La patera iba llena a rebosar, conteniendo unas cuarenta personas sin apenas espacio para movernos. Las mujeres iban sentadas en el centro y los hombres nos sosteníamos sobre la borda de la barca.

Una vez que estuvimos lejos de la isla pusieron el motor en marcha. Me entretenía conversando con mis vecinos, los cuales me contaban que iban a buscar trabajo en la próspera Sabah, donde había más posibilidades que en Filipinas y con sueldos más elevados. A la llegada a Sabah se podrían camuflar como malayos ya que físicamente no había diferencia.

Los hombres no podíamos dormir para no caer al agua. Todos hablábamos sin cesar para mantenernos despejados. El capitán tenía un ayudante que siempre vigilaba la aparición de posibles barcos piratas, o de controles fronterizos, pasándonos la garrafa de agua cuando se la pedíamos. A bordo no comeríamos nada.

A las 6 de la mañana salió el sol, y sobre las 9 el calor era insoportable. Todos los hombres íbamos con el pecho al descubierto, sudando copiosamente.

De repente, notamos que el barco hacía aguas. El capitán ordenó a las mujeres que la recogieran con unos platos, hasta que al mediodía alcanzamos un pequeño islote donde vivía una sola familia de pescadores. Era el islote de Panguan, la última posesión filipina; más allá se encontraba la grandiosa isla de Borneo, cuya silueta divisábamos en el horizonte. Todos comimos varios pescados y bebimos café. Luego me tumbé en una hamaca a dormir hasta que el capitán me despertó para proseguir el viaje. Serían las 4 de la tarde y ya habían reparado la raja del barco. Ahora nos esperaba el trayecto más peligroso del viaje, donde patrullaban lanchas indonesias, malayas y filipinas.

No tuvimos suerte. Apenas una hora más tarde observamos en el cielo una bengala que ordenaba detenernos. Esperamos la aparición del buque, que resultó ser filipino. El buque costero armado se arrimó al nuestro mientras unos soldados nos apuntaban con sus ametralladoras. Nuestro capitán se adelantó y, llamándome a su lado, le dijo al oficial que éramos pobres obreros impulsados por la necesidad, que iban a buscar un trabajo en Sabah.

Los soldados nos ordenaron subir a bordo al capitán y a mí. El dueño de la patera entró con el oficial en un camarote para negociar. Dos soldados bajaron a la patera para registrar el barco y pedir la documentación a los pasajeros.

Al cabo de un rato todo estaba arreglado; nuestro capitán había logrado sobornar a los militares por un poco de dinero para que nos autorizaran a proseguir el viaje, aconsejándonos la mejor ruta y horarios para alcanzar la ciudad de Semporna, ya en el estado malayo de Sabah, burlando los controles de los guardiamarinas malayos.

Hacia medianoche ya podíamos distinguir las luces de Semporna. Paramos el motor y seguimos a remo hasta aproximarnos a la costa, en las afueras de la ciudad. Cuando faltaban unos 100 metros el capitán nos ordenó descender y, con las bolsas sobre nuestras cabezas y el agua al cuello, todos emprendimos la marcha a pie hasta la costa.

Esta ha sido una de las aventuras más inquietantes de mis viajes por Asia.

El canal central de la isla de Sitangkai.

GEORGIA

44 – La casa natal de Stalin en Gori

Sin duda, la visita más inquietante que he efectuado en Georgia ha sido la del "Museo estatal Iósif Stalin", en la ciudad de Gori.

Ese museo consiste en tres partes: en la primera pude ver la casa donde había nacido Iósif Vissariónovich Dzhugashvili (el nombre verdadero de Stalin) en el año 1878, en la segunda me dejaron subir –y ver el interior– a un vagón de color verde que Stalin utilizó para viajar a la conferencia de Teherán –en el año 1943– y a la Conferencia de Yalta –en el año 1945–, para reunirse en ambas ocasiones con el presidente del Reino Unido –Winston Churchill- y el de Estados Unidos de América –Franklin Roosevelt–; en la tercera visité un enorme museo, de aspecto palaciego, con seis enormes salas donde se hacía un repaso a la vida de Stalin y los sucesos más importantes de su vida. Allí había bustos representando a Stalin, pinturas donde él aparecía, diarios de la época, tapices donde se veía a Stalin junto a Lenin y fotografías de Stalin junto a Winston Churchill y Franklin Roosevelt.

Durante mi visita me sentía completamente inquieto, preguntándome cómo es que existen lugares como ese museo en Georgia, así como estatuas en algunas ciudades rusas, exaltando a Stalin, quien durante la famosa "Gran Purga" de los años de 1930 en la Unión Soviética envió a los gulags a millones de personas, mientras que muchos miles fueron directamente asesinados. Y la respuesta que me dio una guía de ese museo, más otras personas que había conocido en Rusia, fue unánime:

— ¡Ah, es que Stalin ganó la Gran Guerra Patria!

La Gran Guerra Patria es como los rusos denominan a la Segunda Guerra Mundial. Y en ello tienen razón: solo un dirigente con determinación de hierro pudo ganar a los alemanes de Hitler. Mientras que todos los dirigentes comunistas huían a Kuibyshev –hoy Samara, a orillas del río Volga– ante la inminente captura de Moscú por parte de las divisiones alemanas, Stalin permaneció firme en el Kremlin, al pie del cañón, sin mostrar jamás ningún titubeo o signos de flaqueza, incluso en momentos cuando parecía que todo estaba perdido, y siguió dando instrucciones sin cesar, dirigiendo la defensa para mantener a raya a los alemanes, hasta que consiguió vencerlos y Moscú nunca fue tomada por ellos.

Por otro lado, a Stalin se le atribuye el haber transformado (con sus planes quinquenales) la Rusia zarista campesina en la potencia industrial que llegó a ser la Unión Soviética.

En cuanto a otros dirigentes europeos de esa época, no los juzgué mejores personas. Por ejemplo, a Winston Churchill muchos historiadores le consideran un ser despreciable, un racista y un criminal de guerra. Churchill odiaba a los irlandeses "porque no querían ser ingleses" –según sus palabras–, preconizaba el uso de armas bacteriológicas contra los afganos, palestinos o árabes del Cercano Oriente, odiaba a muerte a Mahatma Gandhi y a los indios en general, sobre quienes dijo: "Odio a los indios. Son un pueblo de bestias con una religión de bestias". Y durante la hambruna de Bengala en el año 1943, en la cual murieron de inanición alrededor de 3 millones de indios, Churchill tuvo responsabilidad al ordenar robar millones de toneladas de arroz a los indios para enviarlas a Cercano Oriente. Afirmaba que los indios se merecían esas muertes por "reproducirse como conejos". También se le culpa a Churchill de haber creado una especie de gulag británico en Kenia, donde se encerró a unos 150.000 rebeldes Mau Mau, entre muchos otros hechos reprobables contra los derechos humanos.

Tampoco se libra Thomas Roosevelt de prácticas contra la humanidad. Fue ese presidente estadounidense quien aprobó el internamiento de 110.000 japoneses y ciudadanos estadounidenses de ascendencia nipona –incluyendo ancianos, mujeres y niños– en campos de concentración en la costa oeste de Estados Unidos al inicio de la Segunda Guerra Mundial. Además, fue el promotor del

"Proyecto Manhattan" para crear armas nucleares, como las dos bombas atómicas que se lanzaron contra Hiroshima y Nagasaki en agosto del año 1945. Roosevelt murió en abril de ese año, por lo que la que la orden del ataque nuclear la dio su sucesor, Harry Truman.

¿Quién fue peor ser humano: Stalin, Churchill o Roosevelt?

Tras abandonar ese museo de Gori me dirigí a Rusia a través de la histórica "Carretera militar georgiana".

Tapiz y fotografía mostrando el encuentro entre Lenin y Stalin.

45 – LA CARRETERA MILITAR GEORGIANA

Desde la ciudad de Tiflis recorrí en un vehículo –junto a varios amigos– la carretera militar georgiana, alcanzando por la noche la ciudad rusa de Vladikavkaz, al otro lado de la cordillera del Cáucaso, a unos 210 kilómetros de distancia.

Ese viaje, que realizamos en el año 2019, nos inquietó a todos, y no solo por la impresionante belleza de las montañas nevadas, además de las interesantes escalas que realizamos, sino, además, por saber de antemano la importancia histórica de esa carretera militar georgiana, que era conocida desde hacía más de 2000 años y es mencionada por el viajero, geógrafo e historiador griego Estrabón en su libro "Geografía".

Los rusos, desde finales del siglo XVIII a principios del siglo XIX, arreglaron la ruta y construyeron la carretera actual para unir Transcaucasia (los países actuales de Georgia, Armenia y Azerbaiyán) con el Imperio ruso, situado al otro lado de la cordillera del Cáucaso.

Por esa carretera han pasado personajes rusos famosos, entre ellos el zar Nicolás II, el dirigente de la Unión Soviética Nikita Jrushchov, el poeta Aleksandr Pushkin, además de los escritores León Tolstói y Antón Chéjov.

El primer lugar donde nos detuvimos fue en Mtsjeta, la antigua capital de Georgia. Tras ello, visitamos el interior de la antigua fortaleza de Ananuri para, poco más tarde, detenernos a comer en los alrededores de la iglesia de la Trinidad de Guergueti, situada probablemente en el sitio más escénico de toda la carretera militar georgiana. Y poco antes de alcanzar la frontera con Rusia realizamos una última parada junto a un monumento que nos inquietó, ya que en Tiflis habíamos notado el malestar entre los pueblos georgiano y ruso, e incluso habíamos visitado un museo donde a los rusos los tildaban de "ocupantes". Debido a ello, yo (que iba de traductor) solía utilizar el idioma inglés en vez del ruso, para así no provocar situaciones indeseadas, sobre todo al relacionarnos con georgianos que habían perdido a algún familiar a causa de la guerra entre Rusia y Georgia del año 2008.

Sin embargo, ese monumento, erigido en el año 1983, estaba dedicado a "la amistad de los pueblos de la República Socialista Soviética de Georgia y la República Socialista Federativa Soviética de Rusia", según indicaba una placa.

El monumento consistía en una gran estructura semicircular de piedra y hormigón con vistas espectaculares de las montañas del Cáucaso. En el interior había una composición de mosaicos que representaba escenas de la historia georgiana y rusa. Leí en ruso una frase escrita por el poeta nacional georgiano Shota Rustaveli: "Un verdadero amigo ayudará a un amigo. No le teme a los problemas. Dará su corazón por un corazón. Y el amor es una estrella en el camino".

Al llegar a la ciudad rusa de Vladikavkaz nos alojamos en el hotel Intourist.

El monumento a la amistad entre Georgia y Rusia en la carretera militar georgiana.

INDIA

46 – LA INQUIETANTE CIUDAD DE VARANASI

Varanasi –la antigua Benarés– es una de las ciudades más sagradas del hinduismo, una de las siete que componen el Sapta Puri (siete ciudades, en sánscrito) que el peregrino hindú trata de visitar durante su vida. Las otras seis son: Ayodhya, Dwarka, Haridwar, Kanchipuram, Mathura y Ujjain.

Asociaba a Varanasi con la adoración de las vacas, al ser consideradas animales sagrados por los adherentes del hinduismo, pero en el transcurso de unas 2 horas, mientras me dirigía a pie al río Ganges, observé que si una vaca se tumbaba en medio de la carretera salía inmediatamente el conductor de un vehículo con un garrote y le arreaba con él a la vaca en el lomo hasta que se levantara y se fuera. Poco rato después fui testigo de cómo el conductor de un camión arremetió contra una vaca rompiéndole varios dientes. Y todos los tenderos tenían preparada una jarra llena de agua para lanzarla a la cabeza de la vaca que se acercara a sus tenderetes llenos de frutas y verduras, para así espantarla.

Al llegar al Ganges me apunté a una excursión en una pequeña barca para contemplar los templos hindúes desde el río. En cierto momento, el barquero propuso a los turistas desvestirnos y zambullirnos completamente en el agua por unos segundos, cosa que hicimos casi todos.

De regreso a tierra firme caminé hasta unas escalerillas del río, que allí llaman *ghats*, que sería el lugar que más me inquietó en Varanasi. Había llegado a los crematorios ubicados en varios de esos *ghats*. Vi cómo unos indios prendían fuego a unos troncos de leña y se arrojaban sobre él los cadáveres para que luego las cenizas fueran arrastradas por la corriente del río Ganges. Muchos fieles hindúes realizaban baños rituales por los alrededores de los crematorios, entre las cenizas.

Esa noche tardé en conciliar el sueño en la habitación de mi hotel, reflexionando sobre todo lo que acababa de ver y aprender sobre el hinduismo.

Fieles hindúes se bañan en el río Ganges a su paso
por la sagrada ciudad de Varanasi.

47 – KOLKATA Y LA HAMBRUNA EN BENGALA EN EL AÑO 1943

Recuerdo muy bien cuando llegué una madrugada a la estación de tren de la ciudad de Kolkata (la antigua Calcuta). Al descender de mi vagón me tomó varios minutos alcanzar la puerta de salida sin pisar a los centenares de indios que se hallaban allí tumbados durmiendo, incluyendo familias enteras. Mi primera impresión fue que había llegado a un lugar paupérrimo, lo cual me hizo sentir muy apenado e inquieto.

Contraté un rickshaw hasta el hotel María, en la famosa Sudder Street, una calle corta situada en el centro histórico de la ciudad, la cual es célebre por haber vivido en ella el conocido escritor y Premio Nobel de Literatura bengalí Rabindranath Tagore.

Tenía la intención de visitar Bangladesh, por lo que tuve que esperar varios días en Kolkata para tramitar el visado a ese país vecino. Durante ese tiempo haría amistad con una joven mendiga con su bebé de pecho a la que solía dar regularmente unas rupias para que comprara leche en polvo. Siempre le subrayaba que debía utilizar ese dinero solo para comprar comida para su hija. Y ella me esperaba en la puerta del hotel María cada mañana para enseñarme la factura de la farmacia del día anterior, como prueba de que había empleado el dinero en alimentar a su bebé. Yo entonces le volvía a dar más rupias.

En esos días de espera visité lugares remarcables de esa ciudad, como la misión de la Madre Teresa o el templo dedicado a la diosa hindú Kali. Pero la visita que más me inquietó fue la que realicé al museo de Historia donde en un apartado se documentaba gráficamente el genocidio conocido como la "Hambruna de Bengala de 1943", ocasionada por las autoridades británicas (con la complicidad de Winston Churchill) cuando los japoneses invadieron Birmania (hoy Myanmar). Debido a esa hambruna murieron por inanición alrededor de 3 millones de bengalíes.

Esa hambruna fue una de las, aproximadamente, 25 que padecieron los indios en todo el país durante el dominio británico, perdiendo la vida entre todas ellas varias decenas de millones de habitantes por inanición. Una vez que la India obtuvo la independencia las hambrunas cesaron por completo, a pesar de que el país sigue siendo hoy uno de los más pobres del mundo –entre los 193 de las Naciones Unidas, India ostenta el puesto 140–. Una cincuentena de países son aún más pobres, entre ellos Burundi, Sudán del Sur, Somalia, Uzbekistán, Angola, Venezuela, Haití, etc.

Rickshaw en la "Sudder Street" de Kolkata.

48 – Los jarawa de las islas Andamán y Nicobar

Aterricé en el aeropuerto de Port Blair, en la isla de Andamán –que forma parte del archipiélago de Andamán y Nicobar–, y caminé hasta la ciudad, a pocos metros de distancia, alojándome en un hotel céntrico.

En esa isla tenía la esperanza de poder ver a alguna de las tribus que allí moran, las cuales apenas tienen contacto con el mundo exterior.

Sabía que a la isla Nicobar no se podía viajar pues allí los nativos no desean relacionarse con los extraños, y al que lo intenta lo matan. El Gobierno indio solo permite el acceso a esa isla a algunos antropólogos con un permiso especial.

Cerca de mi hotel había una cárcel muy famosa, llamada en inglés Cellular Jail, porque los británicos encerraban en ella en condiciones infrahumanas a muchos revolucionarios (conocidos como Indian Freedom Fighters) y a los políticos indios que se oponían a la colonización de su país.

Esa cárcel llegó a ser tomada por los japoneses en el contexto de la Segunda Guerra Mundial, cuando muchos indios ayudaron a los japoneses para liberarse del yugo inglés.

Aunque no era mi propósito visitar ese infame presidio lo acabé haciendo mientras esperaba un permiso para acceder al norte de la isla de Andamán.

Cuando me autorizaron a viajar al norte, abordé a las 4 de la mañana un autobús con dirección a la población de Baratang. Un soldado con el rifle en ristre nos acompañaba y continuamente se comunicaba con otros soldados con un transmisor. En el pasado se habían dado casos de ataques con lanzas y flechas de los aborígenes a los indios, con alguna muerte que otra. Hubo diversos controles militares por el camino donde registraban los nombres de los pasajeros en una libreta. La naturaleza de la isla era hermosa, exuberante; me pareció que en ella habría vivido feliz King Kong.

A veces veía nativos jarawa por el camino; iban desnudos y algunos pescaban. Nos miraban con curiosidad, pero se notaba que ya estaban acostumbrados a la presencia de visitantes indios. Poco antes de llegar a un río, donde tuvimos que esperar hasta que llegara un ferri, aparecieron unos cuarenta jarawa que nos rodearon, incluyendo mujeres y niños. Iban todos prácticamente desnudos, mujeres y hombres, salvo unos hierbajos que les cubrían las partes más íntimas. Varios hombres asían en sus manos arcos y flechas. Las mujeres cargaban con una cinta en la frente unos canastos llenos de moluscos y de la fruta de durian.

A mí no me distinguieron como "extranjero", es decir, como no indio. No hablaban hindi, solo su lengua local y para ellos todos éramos extranjeros, sin diferencia de razas. Todo el rato sonreían, eran muy curiosos e ingenuos. Nos tocaban la cabeza, las manos, la nariz. A mí me acariciaban los pelos del pecho con curiosidad, pues ellos son imberbes.

Un jarawa joven que iba completamente desnudo pidió ropa a un indio y este le ofreció una camiseta. El brioso mancebo no sabía ponérsela; introducía un brazo por la abertura correspondiente al cuello y la cabeza por una manga. Al final, tras varios intentos fallidos, acertó a colocársela, aunque al revés y todos los presentes –jarawas, indios y yo– nos reímos a carcajadas.

Los jarawa se quedaron con nosotros hasta que apareció el ferri que nos transportaría a la siguiente isla.

Yo me sentía exaltado, arrobado, en un estado lindando el éxtasis. Fue una hora mágica la que pasé junto a ellos. Los sentía mis parientes lejanos, muy íntimos. Sus antepasados prefirieron aislarse de las demás razas humanas y se instalaron en esas islas idílicas, sin aventurarse a explorar otras islas más al sur. Sus hermanos son los aborígenes papúes y los australianos.

Esa fue una de las experiencias más inquietantes que viví durante ese viaje en la India.

Aparición de los jarawa en la isla de Andamán.

49 – EL TEMPLO DE KARNI MATA EN DESHNOKE

Viajando por el colorido estado de Rajastán me detuve en la ciudad de Bikaner, donde los nativos me sugirieron visitar en la vecina Deshnoke uno de los templos más insólitos de la India, llamado Karni Mata, que me inquietaría sobremanera desde que entré en él hasta que lo abandoné varias horas más tarde.

El templo era de mármol y lucía bellos portones de plata con orfebrería representando diversos dioses hindúes. El techo estaba cubierto por una tela metálica para evitar que las aves depredadoras del desierto atacaran a los habitantes sagrados del templo: 25.000 ratas negras semipeludas de largos bigotes y una cola de unos 30 centímetros, que viven en centenares de agujeros.

Antes de entrar al templo hay que descalzarse. Al hacerlo, algunas ratas te pasan por encima de los pies. Pero nadie teme que les muerdan pues todas están gordas debido a la gran cantidad de comida que les suministran los monjes del templo y los centenares de peregrinos que allí acuden a diario. Vi bandejas en el suelo llenas de pasteles rociados con miel, jalea real o jarabes dulces, además de trozos de queso y leche fresca de camella. Y las ratas no paraban de comer.

Había músicos con armonio y tambores gigantes que interpretaban canciones religiosas en honor de esas ratas. Vi crías recién nacidas que estaban empezando a andar y otras, ya moribundas, eran retiradas para ser quemadas, al igual que las personas de religión hindú.

Llegué a la hora de la siesta, cuando la mayoría de las ratas duermen. Para acostarse no se enroscan, pues debido a lo gordas que estaban no podían hacerlo, por lo que se tumbaban de espalda con la panza hacia arriba y las patas estiradas.

Le pregunté a un indio de casta brahmán, la más alta, sobre el origen de esas ratas sagradas y me explicó que Karni Mata era una guerrera sabia de una casta divina. Al morirse su hijo favorito –de los cuatro que tenía– pidió a Yama, el dios del inframundo y de la muerte, que se lo devolviera vivo. Yama se negó, pues ese hijo ya se había reencarnado en otro ser, pero permitió que tanto ese hijo como los otros tres –junto a sus descendientes– pudieran reencarnarse en ratas primero y posteriormente en seres humanos.

Cuando salí del templo, todavía inquieto y estupefacto, me negué a hacer un donativo a los brahmanes cuidadores del templo para comprar pasteles de miel, vacié mis zapatos de crías de ratones juguetones que se habían introducido en ellos para dormir y me dirigí a otros lugares menos inquietantes del colorido estado de Rajastán.

Entrada al templo Karni Mata
en Deshnoke.

INDONESIA

50 – Las ceremonias de los toraja en la isla de Célebes

Aterricé en el aeropuerto de Macasar –en la isla de Célebes– y al día siguiente proseguí mi viaje en autobús hacia el norte, hasta Rantepao, la capital cultural y religiosa de los nativos toraja, con la esperanza de observar las famosas ceremonias con matanza de búfalos de agua, más sus tradiciones consistentes en conservar a sus difuntos en sus propias casas, las cuales tienen el techo en forma de cuernos de búfalo.

En Rantepao me alojé en una cabaña tradicional con cuernos de búfalo y pregunté a los indígenas por sus célebres ceremonias. Al rato me informaron de que justo al cabo de tres días se celebraría una de ellas en una aldea vecina llamada Kete Kesu.

Me dio la impresión de que las ceremonias, que son funerarias, se organizan a medida, cuando los nativos toraja notan la afluencia de muchos turistas.

Cuando llegó el día me desplacé a la aldea vecina, junto a muchos turistas europeos, estadounidenses más australianos, con algún japonés que otro y esperamos el inicio de la ceremonia. Poco a poco fueron trayendo los búfalos de agua, me pareció que había unos 30. Al parecer, era una familia rica la que organizaba el rito al habérsele muerto una abuela, como me contaron, pues un toraja pobre no posee tantos búfalos. Comenzaron a degollarlos con un machete, a lo bestia, de manera tan brutal que algunos turistas que se acercaron demasiado para tomar buenas fotografías resultaron manchados de sangre en vestimentas y cara. Además de búfalos también presencié la matanza de algunos cerdos. Los toraja creen que el alma del difunto tendrá hambre en su viaje al otro mundo, por eso le preparan tanta carne, para que así se alimente durante su camino.

Encontré obscena esa matanza y me sentí muy inquieto, pero pensé que era cultura y debía presenciarla, al menos una vez en mi vida, del mismo modo que los extranjeros que vienen a España procuran asistir a una corrida de toros.

Los toraja son en su mayoría cristianos, predominando los católicos, aunque existe entre ellos una minoría de musulmanes y bastantes animistas las cuales respetan sus viejas creencias, que combinan con las religiones traídas por los navegantes extranjeros. Desde siempre, los toraja cultivaban el arroz y vivían de ello, pero tras la moda del turismo ahora viven de los turistas.

La ceremonia funeraria proseguiría varios días más, pero yo con uno tuve bastante. El día siguiente proseguí mis visitas por los alrededores de Rantepao observando las tallas de madera y las formas curiosas de las casas tradicionales hechas de bambú, que llaman Tongkonan, más los muñecos colgando de ellas que representan a sus difuntos.

El quinto día de mi estancia en Rantepao proseguí mi viaje con destino a otras islas de Indonesia.

Las casas típicas de los toraja en Kete Kesu.

51 – El tsunami del año 2004 en Banda Aceh, isla de Sumatra

En el año 2013 viajé a la ciudad de Medan, en la isla de Sumatra, para visitar el vecino parque nacional Gunung Leuser y presenciar a los orangutanes en medio de la selva. Fue una experiencia entrañable encontrarme cara a cara con esas criaturas, pero no experimenté ninguna inquietud, pues los animales aceptaban los plátanos que les entregaba y comían de mi mano (bajo la atenta vigilancia del guía del parque, que no me dejó solo ni siquiera un momento).

Como mi vuelo desde Sumatra hacia la isla de Flores, donde viven los dragones de Komodo –animales que también quería conocer en su medio natural–, lo tenía reservado para tres días más tarde, resolví emplear ese tiempo en conocer los resultados catastróficos que había ocasionado un tsunami en el norte de Sumatra en el año 2004.

En consecuencia, en Medan abordé un autobús con destino a Banda Aceh, ciudad que fue casi destruida por tal tsunami. Y noté que en el año 2013 había sido prácticamente reconstruida, salvo una zona que habían dejado a manera de memorial para recordar ese trágico desastre.

Durante el primer día visité la ciudad en sí, incluyendo la mezquita principal, un palacio, más diversos monumentos y la costa del mar.

Una de las vistas más impactantes fue encontrarme con un barco pescador en la parte superior de un edificio en el que había aterrizado por la fuerza del tsunami de 2004 sobre el océano Índico. Solo en la provincia indonesia de Aceh perdieron su vida alrededor de 167.000 personas.

Ese barco pescador, al que la gente local llama el *"arca de Noé"*, salvó la vida de 59 ciudadanos que pudieron refugiarse en él.

La visión de ese barco pescador me inquietó profundamente.

El segundo día lo dediqué por completo al Museo Tsunami Aceh. La entrada era gratuita. Prácticamente todos los visitantes eran indonesios. Muy pocos turistas extranjeros se aventuran a visitar Aceh, región que antes del tsunami estaba vedada a los extranjeros a causa de los guerrilleros del partido independentista (Free Aceh Movement) que luchaban para separar de Indonesia la provincia de Aceh. En una parte del museo había banderas que representaban a los países que habían perdido ciudadanos a causa del Tsunami; entre los países europeos estaban Italia, Francia, Suecia, Dinamarca, Noruega y algunos más. También vi la lista de los países que inmediatamente después de la tragedia enviaron ayuda a la provincia de Aceh, básicamente dinero y medicinas. España estaba incluida en esa lista. Dentro había pinturas y objetos salvados de la catástrofe. A nadie dejaba indiferente ese museo, todos los visitantes mostraban una gran inquietud. Había sido una visita didáctica y, al mismo tiempo, triste.

El tercer día volé a la isla de Flores.

El barco pescador sobre la casa
en Banda Aceh.

52 – LOS DRAGONES DE LAS ISLAS DE KOMODO Y RINCA

Aterricé de madrugada en la isla de Flores. El aeropuerto quedaba justo al lado de la capital, llamada Labuan Bajo, donde pronto encontré un hotel conveniente para alojarme dos noches.

En ese hotel coincidí con un viajero estadounidense y junto a él, para abaratar precios, contratamos un barco que nos trasladara durante dos días seguidos a dos diferentes islas, Komodo y Rinca, ambas idílicas, ambas habitadas por los famosos dragones de Komodo, que en realidad son lagartos gigantes.

El primer día visitamos la isla de Komodo, donde observamos muchos dragones en estado natural. Aparentaban ser pacíficos, pero el guardián que nos acompañaba (está prohibido visitar sin guía local las islas habitadas por los dragones), armado con un palo, nos informó de que, de vez en cuando, esos dragones muerden incluso a los guardianes, por ello varios de éstos son cojos o mancos. En el pasado, un turista distraído perteneciente a un grupo que había llegado allí en crucero había sido devorado por varios dragones a la vez y tras el festín solo había quedado su sombrero y las gafas. También se conocen casos de haber atacado y matado a niños y pescadores locales.

Junto a una casa observé a un ciervo atado a una soga para que los dragones se lo comieran y así no tuvieran necesidad de atacar a los humanos. También les suelen dejar cabras, con la misma finalidad.

Aunque los dragones caminan lentamente, cuando corren alcanzan una velocidad superior a la del hombre, por ello debíamos respetar una distancia prudencial de seguridad que nos indicaba el guía.

El segundo día navegamos a Rinca, donde de nuevo realizamos un tour alrededor de la isla en busca de dragones. Los vimos por docenas, en medio de las sendas, y a veces el macho poseía a la hembra a la vista de los demás dragones macho, sin ello causarle ningún pudor.

En ambas islas había tiendas que ofrecían recuerdos a los turistas, tales como estatuas de madera representando dragones. Además de la emoción de sentirnos ante el lagarto más grande del mundo, alcanzando los 3 metros de longitud y un peso de 70 kilos, las islas montañosas donde vivían eran de una belleza deslumbradora y navegar a ellas nos causó una gran satisfacción.

El tercer día me separé de mi amigo norteamericano; él voló a Pattaya –en Tailandia– y yo navegué hacia las islas de Ternate y Tidore, en las Malucas, que fueron en el pasado posesiones portuguesa y española, preservándose en ellas muchas huellas de estas dos nacionalidades celtíberas.

Poso junto a un dragón de Komodo.
Mi guía me controla.

IRAQ

53 – El refugio Amiriya de Bagdad

En el año 2001 viví en la ciudad de Bagdad –Iraq– una de las situaciones más inquietantes de mi larga actividad viajera.

En esos tiempos, el Gobierno iraquí no permitía el turismo individual, sino en pequeños grupos a través de una agencia de viajes iraquí a la que se debían contratar los servicios de alojamiento, manutención y excursiones.

El 15 de febrero del 2001 partí de la ciudad de Ammán –Jordania– en un autobús junto a cuatro turistas españoles en dirección a la frontera con Iraq, donde nos esperaba Ahmed, el director de la agencia de viajes iraquí. Tras los trámites aduaneros salimos en un vehículo hacia Bagdad, lo que nos tomó siete horas de tiempo atravesando el desierto, con dos paradas por el camino para tomar té y degustar los inevitables, pero sabrosos, pinchos morunos. La carretera estaba asfaltada y circulábamos a 100 kilómetros por hora.

Tras depositar el equipaje en las habitaciones de nuestro céntrico hotel de tres estrellas, de inmediato salimos a familiarizarnos con la ciudad. No quisimos reposar del viaje o dormir la siesta; todos estábamos impacientes por recorrer las calles de esa histórica y mítica ciudad de más de 8 millones de habitantes. Todos la asociábamos con los cuentos de Las Mil y Una Noches y nos la imaginábamos llena de palacios suntuosos, bazares encantados y mezquitas con cúpulas deslumbrantes.

Aunque esa imagen idealizada no se correspondió totalmente con la realidad, por muy poco, lo cierto es que ni Bagdad ni, en general, Iraq con sus gentes nos defraudarían.

El zoco central era un laberinto de callejones cubiertos, tipo pasadizos, donde vendían desde alfombras de seda hasta lámparas imitando a la de Aladino; desde platos metálicos con el grabado de Mulá Nasrudín a reproducciones de efigies babilónicas. Todo era negociable en un ambiente distendido donde siempre éramos invitados gentilmente a tomar té. Todos los vendedores dominaban el inglés y otras lenguas extranjeras, como el iraní y el turco.

Por las calles observábamos frecuentemente enormes dibujos, fotografías y estatuas representando al dirigente del país, Saddam Hussein. El tráfico era intenso, como en cualquier capital europea; aunque, eso sí, todos los vehículos eran antiguos, pues Iraq sufría un embargo de tecnología.

El señor Ahmed nos invitó la segunda noche a cenar en un restaurante típico a orillas del río Tigris, donde probaríamos el pescado preparado a la manera local, abierto en dos y ensartado por una caña para poderlo asar mejor a la brasa. Y para beber nos trajeron unas jarras de cerámica blanca en cuyo interior encontramos ¡cerveza fresca!

Al acabar el convite nos fuimos a pasear por el margen del río para visitar una estatua dedicada a Sindbad el Marino. A mitad de camino entramos en una típica casa de zumos de fruta. Apenas tuvimos tiempo de encargar nuestras bebidas cuando, de repente, comenzamos a oír en el aire grandes estruendos seguidos de ráfagas de ametralladora y fogonazos luminosos en el cielo. Una bomba cayó frente a nosotros, en el río Tigris, cerca del restaurante donde acabábamos de cenar. La tierra tembló bajo nuestros pies. Sentí una profunda inquietud como nunca antes había experimentado, al igual que mis cuatro compañeros de viaje.

¡Eran aviones estadounidenses y británicos que lanzaban multitud de bombas indiscriminadamente sobre el centro de Bagdad!

—¡Es George Bush! –afirmó nuestro anfitrión–. Es su manera de presentarse al pueblo iraquí por haber sido elegido presidente de los Estados Unidos de América. Es un aviso para que sepamos que con él habrá guerra. No nos quiere dejar en paz, como tampoco lo hizo su padre.

Al día siguiente supimos por los periódicos y la televisión que esas bombas no habían conseguido impactar sobre ningún edificio estratégico; en cambio, ocasionaron 3 muertos civiles más una docena de heridos.

El tercer día Ahmed nos llevó a visitar un refugio, llamado Amiriyah, que había sido bombardeado el 13 de febrero del año 1991, durante la Guerra del Golfo, por dos misiles –llamados "inteligentes"– guiados por láser, que ocasionaron 408 víctimas mortales de civiles entre ancianos, escolares y mujeres con bebés de pecho, además de un número mayor e indeterminado de heridos. Sobre las tumbas y cadáveres petrificados de los fallecidos había flores, manchas de sangre en las paredes, juguetes y fotografías de niños que habían perdido sus vidas en ese bombardeo. También nos fijamos en varias velas en señal de duelo alrededor de un boquete producido por dos bombas: la primera abrió el agujero por el que entró la segunda.

Ese bombardeo del año 1991, perpetrado por aviones estadounidenses y británicos, fue declarado un crimen de guerra, pero el presidente estadounidense de entonces –George H. W. Bush– lo calificó de "rutinario".

Y aunque durante los restantes días de nuestra estancia en Iraq vimos lugares maravillosos, como fueron Babilonia, Samarra, Nínive, Ur, Mosul, Nayaf y otras ciudades históricas, lo que más nos inquieto fue el momento de los bombardeos en Bagdad.

El refugio Almiriya en Bagdad con el agujero por
donde entraron las bombas.

54 – La persecución de los yazidíes en la sagrada Lalish

Años después de mi primer viaje a Iraq regresé a ese país para explorar los lugares de la región del Kurdistán, y la visita que me inquietó más fue la que efectué a Lalish, el centro del Yazidismo.

En la entrada a Lalish vi a un guardián armado. Los yazidíes han sufrido muchos pogromos a lo largo de su historia, siendo casi exterminados, y aunque el gobierno de la República del Kurdistán dentro de Iraq les prometió respetar su religión y forma de vida, siempre hay fanáticos que quieren matar a aquellos que no profesan el islam, esclavizando a sus mujeres, que venden como si se tratara de ganado.

Lalish está ubicado en un pequeño valle rodeado de colinas arboladas. Es un lugar apacible. La forma cónica de algunos de sus templos me recordó a las pagodas de la India. Me descalcé para entrar en el recinto y entonces un guía se hizo cargo de mí para mostrarme los lugares sagrados, como el sepulcro del jeque Adi ibn Musafir, un maestro sufí nacido en el siglo XI en el Líbano, que era descendiente del cuarto califa omeya de Damasco. Adi ibn Musafir vivió largos años en Bagdad, hasta que decidió aposentarse en el valle de Lalish, donde murió.

Ese jeque era para los yazidíes el enviado de un ángel caído que se redimió, llamado Melek Taus (que significa "ángel pavo real"), por lo que la figura del pavo real con siete alas y doce plumas es el signo del Yazidismo.

En la entrada a la puerta del templo principal yazidí había una efigie de una serpiente. El guía me contó que están agradecidos a la serpiente porque en la bodega del Arca de Noé apareció un agujero, pero la serpiente lo bloqueó con su cuerpo para que no entrara el agua y gracias a ello el arca no naufragó. Vi también un río subterráneo y el guía me instó a realizar allí una ceremonia con el agua, lo cual hice.

El guía también me explicó sobre la cosmogonía del ángel Melek Taus y me presentó a Baba Cawis, el sumo sacerdote de Lalish, el equivalente al papa del Vaticano, quien me invitó a pasar esa noche en el templo.

Todo lo que me explicó el guía era de extraordinaria importancia. Estaba aprendiendo sobre una religión muy rara practicada por apenas un millón de personas.

Me pareció comprender que el Yazidismo tiene similitudes con el Zoroastrismo, y que ambas creencias proceden del Mazdeísmo. La palabra "yazidí" es de origen sumerio y significa "el que está en el verdadero camino".

Al salir del templo fui invitado a pasar a un patio donde unas mujeres yazidíes acababan de preparar una comida basada en arroz con verduras y cordero. Me uní a los hombres, porque las mujeres y los niños comían aparte. Cuando terminamos nuestro almuerzo entramos en una cueva, que era una especie de punto de encuentro para tomar té y hablar.

Cuando me despedí de los nobles yazidíes que tan bien se portaron conmigo, no podía prever que pocos meses después los fanáticos terroristas de un autoproclamado estado islámico en Iraq invadirían Lalish, matando a casi todos sus hombres y vendiendo como esclavas sexuales a las mujeres jóvenes.

Me encuentro junto a Baba Cawis,
el sumo sacerdote de Lalish.

IRÁN

55 – La crisis de los rehenes en la embajada estadounidense de Teherán

Durante uno de mis viajes a Irán me detuve varios días en la capital, Teherán, para visitar sus lugares más interesantes, como fueron el Gran Bazar, el palacio de Golestán, el Museo del Antiguo Irán, sin olvidarme del barrio de Tajrish con sus mezquitas y mercadillos. Cuando me detuve en una plaza donde había una estatua dedicada al poeta persa Ferdousí, caminé buscando por los alrededores una parada de Metro para regresar a mi hotel, yendo a parar a unos muros que rodeaban una manzana completa donde había pinturas y frases críticas con Estados Unidos de América. Una de ellas representaba a la famosa Estatua de la Libertad neoyorquina simbolizando la muerte; luego, a la vuelta de la esquina, vi escrita la frase *"Down with USA"* (abajo con EE.UU.). Encontré la entrada a la manzana y en la puerta leí en inglés:

"U.S. Den of Spionage Museum. Former U.S. Embassy".

Lo que significa:
Museo de la Guarida de Espionaje de los Estados Unidos.

Comprendí entonces que me encontraba ante la antigua embajada de los Estados Unidos de América. Pagué 200.000 riales –equivalente a 1 euro– y durante unas dos horas visité las salas de los dos pisos del edificio principal, tomando fotografías y leyendo todo lo que estaba escrito en inglés, pues no domino la lengua farsi.

Entré en un cuarto donde había documentos que demostraban la intervención de Estados Unidos en países musulmanes tales como Pakistán o Palestina, o aparatos donde se falsificaban documentos oficiales iraníes. La palabra CIA aparecía por todas partes. A juzgar por esas pruebas, era evidente que esa embajada funcionaba como un centro de espionaje y constituía el mayor archivo de información secreta de Cercano Oriente.

Por lo que iba explicando una guía iraní, en el año 1979 el sah Reza Pahleví abandonó Irán para huir a Estados Unidos, aunque finalmente se exilió en Egipto. Mientras tanto, el ayatolá Jomeini tomó el poder del país y estableció una república islámica. Cuando el nuevo gobierno iraní exigió a Estados Unidos la extradición del sah y le fue denegada, medio millar de estudiantes entraron en la embajada estadounidense a la fuerza y tomaron como rehenes a una cincuentena de diplomáticos, más personal estadounidense, lo que dio comienzo a la conocida como "crisis de los rehenes en Irán", la cual duró 444 días. El Ejército de los Estados Unidos trató de rescatar a los presos militarmente en dos ocasiones, pero en ambas fracasaron. Finalmente, se llegó a un acuerdo y en enero del 1981 fueron liberados.

Fue esa una visita inesperada y muy inquietante. A la salida del museo encontré la estación de Metro "Taleghani" y regresé a mi hotel.

Entrada a la antigua embajada estadounidense
de Teherán.

56 – El viejo de la montaña en la fortaleza de Alamut

No me fue difícil alcanzar desde Teherán el antiguo castillo del "viejo de la montaña". Un autobús me depositó en Qazvin en un par de horas y allí abordé un taxi compartido hasta un pueblo justo a las faldas de la montaña, cuyo pico está coronado por la famosa fortaleza que fue descrita por Marco Polo en su viaje de regreso de China. Los nativos conocen el lugar como el castillo de Hassan-i Sabbah, aunque en el letrero de los taxistas estaba escrito en inglés "Hassan Sabbah Castle 106 kilometers".

El precio para ingresar en el castillo era 6 veces más caro para un extranjero que para un iraní. Vi cómo los locales pagaban 25.000 riales, mientras que yo satisfice 150.000 –el equivalente a menos de 1 euro–. La vista de la montaña desde abajo recuerda a la del peñón de Gibraltar, en España.

Me tomó una media hora ascender a él. Los escalones finales son muy empinados y debía hacer paradas con frecuencia para tomar aliento. Me encontraba a una altitud de aproximadamente 2200 metros sobre el nivel del mar.

Había allí, en la cima, una decena de obreros, quienes me contaron que en un próximo futuro el castillo será reconstruido imitando al anterior, que fue destruido por los mongoles a mediados del siglo XIII.

Las ruinas de ese antiguo castillo me decepcionaron, pues allí ya no había castillo ni fortaleza, tan solo los fundamentos, más una zona cubierta con toldos que estaba siendo reparada.

Pero lo mejor de la visita y lo que más me inquietó, además de encontrarme en un lugar tan mítico, fue la fabulosa vista sobre el valle de Alamut y los montes Elburz.

Había leído que el viejo de la montaña fue un reformador religioso ismaelita (una secta del chiismo) que se erigió en jefe de los conocidos como hashshashin, debido a que a sus seguidores les suministraba hachís. También fueron conocidos como la secta de los "asesinos", pues los adeptos eran enviados a asesinar a algún mandatario político.

Se duda mucho acerca de la veracidad del relato de Marco Polo, pues es imposible que visitara el lugar y todavía más el que conociera al viejo de la montaña, pues décadas antes de su supuesta visita a Alamut ya estaba muerto y la fortaleza había sido arrasada. Marco Polo describe el castillo y unos jardines ocultos donde a los sectarios se les intoxicaba y se les hacía creer que estaban en el paraíso.

No me quedé más de una hora admirando el lugar, pues tuve la suerte de encontrarme allí arriba con un francés que había alquilado un jeep con un chófer y acordé compartir los gastos para que me llevara con él a una aldea de las montañas, donde cenaríamos y nos alojaríamos en una casa local perteneciente a unos amigos iraníes. Y al día siguiente me depositó con su auto a orillas del mar Caspio.

Sendero que conduce a la fortaleza de Alamut.

JAPÓN

57 – EL LANZAMIENTO DE LA BOMBA ATÓMICA SOBRE HIROSHIMA

Mientras viajaba en tren a Hiroshima sentí una gran inquietud, pues presentía que en esa ciudad no encontraría bellezas deslumbrantes como las que había visto en Kioto y en Nikko, y tampoco contemplaría volcanes con un cono tan perfecto como el del monte Fuji –o Fujiyama–. No; más bien viajé allí como un deber, casi como un acto de expiación. Y lo que me encontré fue una lección de historia, de paz y de superación que me hizo tener más fe en el futuro del ser humano.

Y, en efecto, Hiroshima es hoy una ciudad moderna e industrial que supera el millón de habitantes, reconstruida y embellecida, que alberga un imponente castillo, amplios bulevares, grandes almacenes y hombres de negocios acompañados por sus elegantes esposas bien perfumadas.

Me dirigí al complejo "Conmemoración de la Paz de Hiroshima", pues es allí donde se localizan las ruinas de la Cúpula de Genbaku, que fue un edificio proyectado para acoger una exposición comercial. Se decidió dejar esa construcción tal como quedó tras la caída de la bomba atómica Little Boy que arrojó el avión estadounidense Enola Gay aquel fatídico 6 de agosto del año 1945, acabando con la vida de unos 150.000 ciudadanos y ocasionado unos 350.000 heridos.

En los alrededores observé diversos cenotafios, la campana de la paz y las cinco Puertas de la Paz, con la palabra paz en 49 lenguas, entre ellas el español.

Visité el "Hiroshima Peace Memorial Museum", cuyo ingreso era gratuito. Allí mostraban de manera didáctica la historia de la ciudad antes y después del lanzamiento de la bomba atómica Little Boy, con fotografías ilustrativas. Exploré también los lugares turísticos de la ciudad, como su hermoso castillo y hasta encontré una catedral católica, cuyo interior visité para comprar un cirio.

Mi estado durante todas esas visitas era de inquietud y se me hizo un nudo en la garganta, pero no lamenté la visita; más bien al contrario, pues me ayudó a comprender mejor la naturaleza humana.

Sin embargo, no quise quedarme a pasar la noche en esa ciudad pues me hubiera sentido demasiado inquieto y triste. Por ello, tomé un tranvía hasta el puerto, desde donde abordé una barca a la isla de Itsukushima, quedándome a dormir bajo el famoso "torii", o puerta de entrada a su santuario.

Las ruinas de la Cúpula
de Genbaku en Hiroshima.

58 – EL MARTIRIO DE LOS CRISTIANOS EN NAGASAKI

Una vez visitada la ciudad de Hiroshima me dirigí en tren a Nagasaki para visitar un monumento conmemorativo del lanzamiento de la segunda bomba atómica –bautizada como "Fat Man"– por el avión Bockscar un 9 de agosto de 1945, exterminando a alrededor de 35.000 civiles y dejando heridos a más de 60.000. Al mismo tiempo, quería encontrar huellas del jesuita navarro Francisco Javier, que en el año 1549 se convirtió en el primer español en alcanzar Japón.

Caminé hasta el "Parque de la Paz", cercano al hipocentro de la caída de la bomba "Fat Man". Vi allí una imponente estatua de mármol, de unos 10 metros de altura, que me inquietó favorablemente por su creatividad, la cual me llegó al alma. Representaba a un hombre en estado de oración, con los ojos cerrados levemente, que con una mano advertía de la amenaza de las armas nucleares y con la otra señalaba el cielo, preconizando la paz. También contenían simbología la posición de sus piernas; una estaba doblada a la manera de un yogui y la otra se hallaba en posición de querer levantarse para ayudar al mundo.

Coincidí con un grupo numeroso de escolares que escuchaban las explicaciones de sus profesores sobre la historia de la bomba arrojada durante la Segunda Guerra Mundial por los estadounidenses.

La atmósfera del lugar, aunque inquietante, invitaba a meditar.

Muy cerca de ese parque se hallaban dos complejos relacionados con el infausto suceso de la caída de la bomba letal que me apresté a visitar: el "Museo de la Bomba Atómica de Nagasaki" y "El Salón Nacional de la Paz Memorial para las víctimas de la bomba atómica de Nagasaki".

Cuando acabé de explorar todos esos lugares distinguí un monumento que llamó mi atención. Consistía en 26 estatuas metálicas incrustadas sobre una pared. Por los letreros supe que representaban a los primeros 26 mártires del cristianismo en Japón, que fueron crucificados en esa ciudad. Entre ellos había un joven que naufragó en las costas japonesas cuando se dirigía desde México a Filipinas a bordo del legendario Galeón de Manila. Se llamaba Felipe de Jesús, quien sería el primer santo mexicano.

Justo al lado se hallaba una iglesia de diseño muy original que yo de inmediato bauticé "¡Manos arriba!" por sus dos torres erguidas. Su construcción estaba inspirada en las obras del arquitecto español Antonio Gaudí. Entré por curiosidad y me atendió su párroco, un mexicano entrañable con aspecto de patriarca que me colmó de zalamerías invitándome a merendar té y bollos de nata junto a unas damas, también mexicanas, casadas con hombres de negocios japoneses. Al acabar el refrigerio y la charla ya era de noche para buscar un alojamiento. Por ello, el párroco mexicano me ofreció pasar el resto de la noche en la celda del monaguillo, cosa que acepté.

El día siguiente era domingo y fui a la misa, pero no en esa iglesia sino en la histórica catedral, llamada Urakami –o Santa María–, construida en el siglo XIX, justo cuando Japón derogó la ley que prohibía el culto cristiano. En su tiempo, esa catedral constituyó la iglesia más grande de Extremo Oriente. La catedral se llenó de parroquianos; calculé que la mitad de ellos eran japoneses y la otra mitad la componían occidentales, entre americanos y europeos. También observé un grupo de peregrinos cristianos de nacionalidad coreana quienes la noche anterior se habían embarcado en el ferri de Busan –Corea del Sur– a Shimonoseki –Japón– y de allí habían tomado el tren a Nagasaki.

Compré un cirio y al concluir la misa me dirigí a pie a la estación del tren para proseguir mi viaje a Kagoshima, lugar donde desembarcó Francisco Javier.

Estatua de la Paz de Nagasaki.

NEPAL

59 – EL REINO DE MUSTANG

Me costó alcanzar Lo Manthang, la capital del antiguo Reino de Mustang. Fue al llegar a Kagbeni cuando me uní a un grupo de nativos gurung con sus yaks y me camuflé entre ellos, pues en esos tiempos (año 1989) estaba estrictamente prohibido acceder a ese antiguo reino, cuyo rey odiaba a los extranjeros. Sus habitantes están relacionados con los tibetanos.

El descenso por la garganta de Kali Gandaki era muy peligroso, incluso para los gurung. A veces, los yaks -cargados con sacos de arroz- se asustaban y no querían seguir adelante. Los gurung les tenían que arrear en el lomo con un palo para que continuaran.

Tres días me costaría llegar a pie a la ciudad amurallada de Lo Manthang. Para no perderme seguía la ruta de los chortens –estupas budistas– en los picos de las montañas y cruces de caminos, pues actuaban como las flechas amarillas en el Camino de Santiago y te conducían a Mustang y más allá, hasta el sagrado monte Kailash, en el Tíbet.

Cuando divisé las murallas y los monasterios y chortens alrededor de Lo Manthang, me emocioné; pero también me inquieté, pues temí que si entraba a su interior descubrirían que era un odiado extranjero y el rey me expulsaría (en el mejor de los casos). En realidad, la meta de mi aventura viajera era arribar al Palacio de Potala, en Lhasa –capital del Tíbet–, así que rodeé la ciudad sin penetrar en ella y continué por un sendero hacia un paso que me conduciría hacia la medianoche a la entrada de una aldea tibetana cuyo nombre sonaba a Litse, burlando un control de un campamento militar chino.

Por desgracia, al pedir ayuda en una casa de Litse me denunciaron a los soldados chinos, aunque me dejaron dormir en un cuarto. Por la mañana, los soldados chinos me devolvieron en su jeep al paso número 23 de Mustang. Fue cuando descendí y entré con gallardía en la ciudad amurallada de Lo Manthang. Pero allí de nuevo sería descubierto, encerrado por orden del rey (a quien no llegué a ver) y al día siguiente sería conducido escoltado por un soldado de ese reino hasta Kagbeni, adonde llegamos dos días más tarde.

Mi aventura de viajero revoltoso no tuvo consecuencias; en Kagbeni la Policía me dejó en libertad y me permitió realizar el giro completo al macizo montañoso del Annapurna a través del paso Thorung La, que supera los 5400 metros de altura.

Estupas budistas en el reino de Mustang.

TURQUÍA

60 – LAS RUINAS DE ANI

Viajé a Ani un 8 de diciembre del año 1988 –cuando aún existía la Unión Soviética– y el lugar me inquietó como ningún otro lo había hecho en Turquía. Un día antes, la ciudad armenia de Gyumri –situada a pocos kilómetros de Ani– había sufrido un siniestro terremoto.

Una vez que llegué en autobús a Kars, en el extremo oriental de Turquía, pregunté a los locales por un transporte para acceder a Ani y siempre me respondían si me refería a Ani Harabeleri, lo cual me hacía dudar, hasta que comprendí que la palabra "harabeleri" significa "ruinas" en idioma turco.

Hube de esperar varios días en un hotel de Kars hasta que recibí tres permisos necesarios para poder visitar Ani. El primero lo emitía la oficina de turismo; el segundo era otorgado por la Policía de Seguridad; mientras que el tercero me lo facilitó la Comandancia Militar. Para acelerar los trámites declaré que era arqueólogo. Mientras tanto, me entretenía conociendo Kars, una ciudad dos veces milenaria que posee un histórico castillo, una ciudadela, antiguas iglesias armenias y numerosas mezquitas.

Antes de desplazarme a Ani tuve que firmar un documento mediante el cual me comprometía a no tomar fotografías, no hacer señales ni saltar entre las ruinas, no comer y, sobre todo, no mirar hacia Armenia, pues los soldados rusos podrían dispararme. Y, por si eso fuera poco, me confiscaron el pasaporte hasta mi regreso a Kars.

Ani fue en el pasado la capital de Armenia. En sus tiempos esplendorosos llegó a estar habitada por unas 100.000 personas y a albergar mil y una iglesias. Pero durante mi visita solo vi ruinas y más ruinas. Posiblemente las mejor preservadas eran las correspondientes a la catedral. Encontré restos de murallas, de iglesias con frescos en su interior, de monasterios, de fortalezas, de antiguos caravasares, etc. Y yo iba recorriendo todas las ruinas en un estado de gran inquietud, temiendo hacer algo que fuera tomado como incorrecto por los soldados rusos, a quienes imaginaba observándome con sus prismáticos desde el otro lado del río Arpachai –conocido como Ajurián para los armenios–, el cual separa Turquía de la entonces República Socialista Soviética de Armenia, integrada en la Unión Soviética.

Al cabo de unas 3 horas de explorar las ruinas de Ani regresé a Kars con una sensación de alivio.

Las ruinas de Ani a orillas del río Ajurián.

61 – EL MONASTERIO DE MOR HANANYO EN MARDIN

Me encantó la ciudad de Mardin, ubicada al sureste de Turquía. Estaba situada en las faldas de una montaña rocosa y tenía el aspecto de una ciudad bíblica, por lo que me recordó a la ciudad de Matera, en Basilicata –Italia–. Los edificios y disposición de las casas mostraban estilos árabe y armenio. Había gente que iba en burro por las calles estrechas, en los minaretes se llamaba a rezar a Alá cinco veces al día y las mujeres llevaban la cabeza cubierta.

Pero antes de instalarme en un hotelito dentro de una cueva en un antiguo castillo, hice amistad con varios pasajeros del autobús (llegábamos de la ciudad de Diyarbakir): una pareja de españoles más dos jóvenes kurdos que vivían en Londres, a quienes convencí para viajar juntos en un minibús al monasterio sirio Mor Hananyo –también conocido por Deyrul Zafaran por el color azafrán de sus muros–, a apenas 3 kilómetros de distancia. Pagamos una pequeña entrada y penetramos en el monasterio amurallado. Nos fue asignado un monje sirio que era políglota. Por deferencia, los dos viajeros kurdos accedieron a que el tour no fuera dirigido en kurdo, lengua que hablaba también el monje, sino en inglés, para así entenderlo todos sin necesidad de traducir. El monje nos mostró tumbas de santos y de una cincuentena de patriarcas de la Iglesia siria ortodoxa, carros, tronos, frescos e iconos, además del símbolo de un laberinto en el suelo y un templo subterráneo.

Ese monasterio estaba dedicado a san Ananías y constituyó la sede del Patriarcado de la Iglesia ortodoxa siria desde finales del siglo XIII hasta bien entrado el siglo XX.

El mejor momento fue cuando dentro de la iglesia requerí al monje que nos recitara el Padrenuestro en arameo, la lengua materna de Jesucristo y que los monjes del monasterio hablaban. Fue entrañable, me emocioné y, como a veces suele decirse, "se me puso la piel de gallina". Pero sobre todo sentí inquietud, aunque mis cuatro compañeros mostraron una absoluta indiferencia y si se quedaron conmigo a la oración fue más bien por solidaridad que por deseo de escuchar el Padrenuestro. Tras ello, nos fue relatada la dramática historia de Tur Abdin, el territorio donde se halla ese monasterio de Mor Hananyo.

Según el monje, los turcos y sus aliados kurdos, durante y tras la Primera Guerra Mundial, cometieron un genocidio sobre los asirios caldeos (sobre 300.000 fueron exterminados) y sus tierras fueron robadas. Además, los asirios tuvieron la desgracia de que los franceses e ingleses concedieran Tur Abdin a la Turquía actual al concluir la Primera Guerra Mundial, tras el colapso del Imperio otomano. Y, por si esto fuera poco, el líder iraquí Saddam Hussein cometería contra las etnias no árabes del norte de Iraq un pogromo en las etapas finales de la guerra entre Iraq e Irán (1980-1988), donde murieron muchos miles de asirios, yazidíes y judíos (además de kurdos).

De las aproximadamente 2500 iglesias y monasterios asirios que existían en Tur Abdin en los primeros tiempos del cristianismo hoy quedan apenas dos docenas, siendo Mor Hananyo uno de ellos.

Al acabar la visita, los cinco viajeros regresamos a Mardin. Esa noche tardé en conciliar el sueño –en la cueva del castillo que había contratado– debido a la inquietud que todavía sentía por todo cuanto había aprendido en el monasterio de Mor Hananyo.

Poso ante el monasterio de Mor Hananyo en Mardin.

62 – EL MAUSOLEO DE ATATÜRK EN ANKARA

Visité Ankara –la capital de Turquía– casi por obligación, pues en mi empeño por conocer todos los países del mundo incluía también sus capitales. Por ello, en un viaje desde Georgia a España, vía terrestre, determiné realizar una escala de un día en esa ciudad.

Desde la terminal de autobuses tomé el Metro y descendí en la parada de Anadolu. Mi objetivo era explorar Anitkabir, o –en idioma turco– el "Mausoleo de Kemal Mustafa Atatürk", considerado el padre de la República Turca.

Caminé varios cientos de metros y llegué a la puerta del complejo, donde me obligaron a dejar mi bolsa de viaje en una consigna. La entrada al complejo era gratuita. Luego ascendí por la llamada "colina de observación". Vi muchos soldados por doquier. El camino para llegar al mausoleo estaba flanqueado por estatuas de leones. Finalmente llegué a la explanada principal, en la cima de la colina. Las vistas que se ofrecían eran magníficas. Hubo frecuentes cambios de guardia y los turistas, tanto turcos como extranjeros, estaban felices de tomar fotografías de los soldados durante dichos cambios.

Empecé a visitar cada edificio. Todo era enorme en ese mausoleo. Dentro del edificio principal se explicaba todo de forma muy didáctica acerca de la historia de Turquía durante la época de Atatürk. Había representaciones de guerras, discursos de Atatürk, mapas, cuadros y estatuas. La tumba de Atatürk estaba en un sarcófago varios metros debajo del Salón de Honor. Me dio la impresión de que a los visitantes comunes no se les permite bajar a verla.

A la salida advertí tiendas que vendían recuerdos relacionados con el mausoleo y la historia de Turquía, como banderas y soldaditos de plomo.

Salí muy inquieto de ese mausoleo, pero no de la visita en sí, pues ya tenía experiencia en visitar otros mausoleos –como el de Lenin en Moscú (Rusia), el de Mao Zedong en Beijing (China) o el de Ho Chi Minh en Hanói (Vietnam)–. Sin embargo, entre todos ellos fue el de Atatürk el que más me inquietó, lo que atribuí a una frase que leí escrita en la explicación de la Batalla de Galípoli del año 1915 –en el contexto de la Primera Guerra Mundial–, que enfrentó a Turquía (apoyada por Alemania) contra el Imperio británico (apoyado por Francia, Australia, Nueva Zelanda y el Imperio ruso). En ella, Atatürk destacó por su vigor y sus dotes de mando.

La siguiente arenga, con la que se dirigió a sus soldados en esa batalla, me inquietó hasta el máximo de los extremos:

—"No os ordeno atacar, os ordeno morir. Y el tiempo que tardéis en hacerlo permitirá que otras tropas y otros comandantes ocupen vuestro puesto".

Tras leerla, cobró fuerza en mí la convicción de que los gobiernos de las naciones toman a sus ciudadanos como ganado, pudiendo disponer de ellos para que maten a otros ciudadanos de un país diferente.

Deliberaba sobre si las guerras son actos naturales para el desarrollo y evolución de los humanos, a pesar de que entre los animales son inexistentes -salvo algunos casos puntuales de guerra que se han apreciado entre los chimpancés y entre las hormigas-. Hay pensadores que atribuyen el origen de las guerras a las manchas del sol que surgen regularmente, lo que influye en la psique de los humanos y les provoca instintos destructivos, mientras que algunos historiadores sostienen que las guerras son inherentes al género humano desde que Caín mató a Abel y los cromañones exterminaron a los neandertales (aunque esta teoría no ha sido demostrada convincentemente).

Yo simplemente atribuía las guerras a un cáncer de la sociedad que, por desgracia, se manifiesta con demasiada frecuencia en el ser humano.

Con estos pensamientos inquietantes regresé en Metro al centro de Ankara, donde tuve tiempo de entrar en la mezquita Kocatepe –la más grande de la ciudad– y de visitar el fenomenal Museo de las Civilizaciones de Anatolia. Por la noche proseguí mi viaje en dirección a España.

Esculturas en la explanada del mausoleo de Atatürk, en Ankara, representando a un estudiante, un pastor y un soldado.

UZBEKISTÁN

63 – La fortaleza Arq de Bujará

Crucé de noche en tren el río Amu Daria y a los pocos minutos llegué a la frontera entre Turkmenistán y Uzbekistán. Poco rato después, al arribar a la estación ferroviaria de Bujará, me informaron de que el centro de esa ciudad quedaba muy alejado, además de que llovía, por lo que los pasajeros de mi tren me aconsejaron no aventurarme a la ciudad en la oscuridad. Fue cuando descubrí que justo enfrente de la estación, atravesando los raíles, unas luces intermitentes indicaban que allí había un caravasar. Me acerqué y me ofrecieron un camastro para dormir. En la sala que me asignaron ya había siete uzbekos instalados, todos muy ruidosos, que me ofrecieron naranjas de sus sacos de arpillera. Eran vendedores de frutas que al día siguiente abordarían un tren para venderlas en alguna ciudad de Uzbekistán, de Kazajistán o bien de Rusia.

Cuando me desperté al día siguiente me dirigí al centro de Bujará, encontré un hotel céntrico, dejé mi bolsa y salí a explorar la ciudad, deteniéndome a desayunar en una cafetería situada en una entrañable plazoleta, conocida como Lyab-i Hauz, que estaba rodeada de madrasas –escuelas islámicas– y donde se encontraba un estanque, más una escultura del personaje mítico Mulá Nasrudín montado en su burro.

El nombre de Bujará no invoca tanto exotismo como la ciudad –también uzbeka– de Samarcanda y, sin embargo, llegó a ser mi ciudad preferida, no solo de Uzbekistán sino de toda Asia Central.

Bujará fue la capital del Emirato de Bujará, que existió desde finales del siglo XVIII hasta el año 1920 y abarcaba un gran territorio entre los ríos Amu Daria y Sir Daria.

Visité diversos lugares turísticos, como bazares, palacios y mezquitas hasta que, finalmente, entré en la famosa fortaleza Arq, que fue residencia de los emires. La construcción impresiona por su solidez. Fue el lugar que más me inquietó en Bujará debido a la historia que encierra relacionada con una confrontación política y diplomática entre el Imperio británico y el Imperio ruso, conocida como "Gran Juego" –para los ingleses– o "Torneo de Sombras" –para los rusos–, por el control de Asia Central.

Una guía en su interior me relató que dos espías ingleses, llamados Arthur Conolly y Charles Stoddart, fueron capturados en unos años cuando el acceso a la ciudad de Bujará estaba prohibido a todo intruso. Se les encerró por un tiempo en un pozo dentro de la fortaleza Arq, hasta que fueron decapitados en el año 1842, siendo enterrados en una tumba que previamente habían sido obligados a excavar.

El día siguiente proseguí mi viaje por Asia Central y me detuve por varios días en Samarcanda.

Fortaleza Arq, en Bujará, Uzbekistán.

VIETNAM

64 – EL BOMBARDEO SOBRE HUÉ

Tras dos días de viaje en autobús desde Ho Chi Minh (la antigua Saigón) llegué a Hué y me instalé en un hostal céntrico. Era el año 1997 y todavía no había muchos turistas en Vietnam. Mi intención era conocer, al menos, una ciudad de cada una de las tres partes de las que se compone el país: al sur se ubica Cochinchina, con su capital Ho Chi Minh; al norte se halla Tonkín, con su capital Hanói; y el centro lo constituye Annam, con su capital Hué.

Ese primer día en Hué –ciudad fundada en el siglo III antes de Nuestra Era– me dediqué a visitar a pie la parte central de esa ciudad imperial, es decir, la ciudadela con la ciudad imperial, más algunos templos contiguos y un par de tumbas imperiales. Quedé impactado por la belleza y delicadeza del lugar.

El segundo día me uní a una excursión en barco por el río Perfume junto a varios extranjeros de origen europeo.

El barquero nos explicó que el nombre del río –Song Huong– significa en vietnamita "de los olores", debido a que cuando las flores de las orquídeas del norte del río caen al agua exhalan una agradable fragancia.

Nuestro barco tenía dos dragones de madera en la proa. Vimos pagodas a las orillas del río, más tumbas de emperadores labradas primorosamente y los muros de la ciudad, además de disfrutar de la belleza de los campos y jardines. Al mediodía tuvimos tiempo libre para comer de un bol conteniendo fideos y verduras, y tras ello navegamos lentamente hacia nuestro punto de partida.

De no habernos explicado el barquero acerca de la Guerra de Vietnam (desde el año 1955 a 1975) y los crímenes cometidos por los Estados Unidos de América en esa frágil ciudad, habría vuelto a mi hostal con un sabor dulce. Pero el conocer las atrocidades que perpetraron en ella los soldados estadounidenses hizo que me sintiera muy inquieto y solidario con el pueblo vietnamita.

El barquero nos explicó que Hué sufrió una de las batallas más cruentas y largas de la Guerra de Vietnam, ocasionando la muerte de miles de inocentes ciudadanos y la destrucción de numerosos edificios de incalculable valor histórico. Los estadounidenses utilizaron en esa guerra bombas incendiarias de napalm –gasolina gelatinosa–, con lo cual se multiplicaron los efectos mortíferos y las quemaduras sobre la población civil.

El tercer día abordé en Hué un autobús con destino Hanói.

Me apunté a una excursión por el río Perfume en Hué.

ÁFRICA

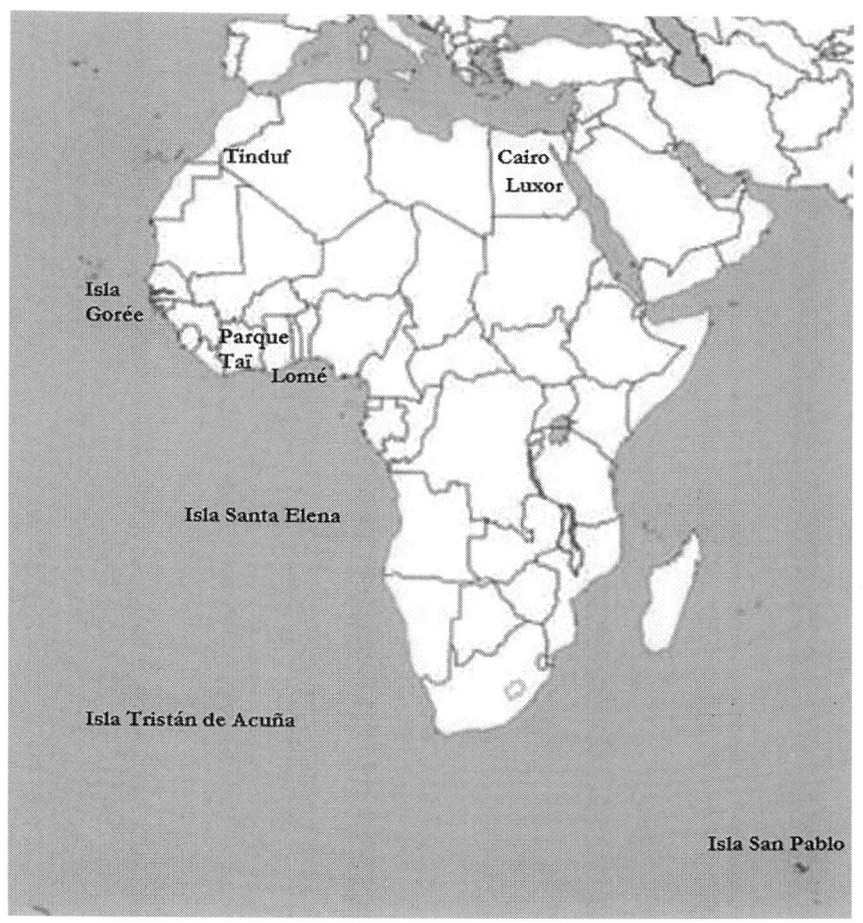

ARGELIA

65 – Los 175.000 refugiados saharauis en Tinduf

Había visitado por primera vez el entonces Sahara español en el año 1972. Volé desde las islas Canarias a El Aaiún (Laayoune en francés).

Aún recuerdo aquellas casas de adobe y jaimas -tiendas donde vivían los nómadas en las afueras de El Aaiún- y cómo los saharauis me saludaban cuando me paseaba entre ellas, llamándome para que fuera a tomar un té, cosa que a veces hacía, ignorando los avisos de los legionarios, quienes me habían aconsejado no mezclarme con ellos. Los saharauis nunca me tiraron piedras, como a veces hacían contra los marroquíes.

España se desentendió del Sahara Occidental en el año 1976, hecho que Marruecos aprovechó para ocupar ilegalmente todo ese territorio. Los saharauis no deseaban vivir bajo el régimen marroquí, que les privaba de sus derechos, por lo que comenzaron las hostilidades y guerra de guerrillas. Como consecuencia de ello, cerca de 200.000 saharauis se refugiaron en la ciudad argelina de Tinduf (Tindouf en francés) y proclamaron la República Árabe Saharaui Democrática –o RASD– sobre el territorio invadido.

Mi primera visita no me inquietó en absoluto y la recuerdo con nostalgia. En cambio, la segunda visita, que realicé varias décadas después, sí que me llegó a inquietar profundamente.

Casi 4 décadas después de mi primera visita compré en la ciudad de Barcelona un billete de avión de ida y vuelta con destino Tindouf. A bordo viajaban españoles que llevaban ayuda humanitaria a los refugiados y algunos iban para invitar a un niño saharaui a viajar a España a pasar unas vacaciones.

Las autoridades saharauis me alojaron en el campamento "27 de Febrero", en la tienda de una familia formada por un matrimonio más una hija con su correspondiente marido y tres niños, entre los cuales había un bebé de pecho. Me regalaron una chilaba para estar más cómodo. Ese primer día me sirvieron de cenar leche de camella con azúcar, unos dátiles y carne de camello. Todos dormíamos sobre colchonetas sobre el suelo en una gran sala.

Observé que los saharauis vivían muy modestamente y el agua estaba racionada.

Estaría en ese campamento una semana visitando las escuelas, hospitales cuyos médicos habían estudiado en Cuba, el museo, más el invernadero y el gallinero. Económicamente, los saharauis dependían de la ayuda humanitaria proveniente de países europeos como España, Italia, Francia, Alemania, etc.

Por lo que aprendí esos días, allí vivían en condiciones durísimas unas 175.000 personas desde que comenzaron las hostilidades con Marruecos, o tres generaciones de saharauis sin vislumbrar un futuro halagüeño a su situación. Ello me inquietó profundamente.

Aún visité poblaciones de la franja liberada de la República Árabe Saharaui Democrática, como fue el asentamiento de Bir Lehlou.

El octavo día, cuando volé de retorno a Barcelona, me entró una infinita tristeza por alejarme de los saharauis, que aún preservan la lengua española y habían sido ciudadanos españoles hasta 1976, año en el que España abandonó el Sahara Occidental, su provincia número 53.

Desfile de niños refugiados saharauis en Tinduf.

COSTA DE MARFIL

66 – El parque nacional de Taï

Antes de entrar en el Parque Nacional de Taï experimenté una gran inquietud y por la noche tuve presentimientos adversos. Durante el segundo día esos presentimientos, desafortunadamente, se materializarían.

Para llegar a ese parque volé a Abiyán, en Costa de Marfil, donde a los pocos días me reuní con una decena de turistas españoles y juntos exploraríamos todo el país en una furgoneta.

Viajábamos a la búsqueda de parques nacionales para observar en ellos la pródiga vida animal que albergan, como los hipopótamos y aves que avistamos en el parque nacional del Comoé.

Al cabo de 3 semanas de visitar varios parques arribamos a una aldea en la entrada del parque nacional de Taï. Nuestra intención era ascender a la cima de un monte en su interior, llamado Niénokoué, de 360 metros de altura.

Los nativos de la aldea nos aconsejaron no adentrarnos en ese parque y, sobre todo, no tratar de escalar el monte Niénokoué pues, según ellos, es el hogar de un espíritu misántropo al que no le gusta que se profanen sus dominios, por ello a los humanos que lo intentan les crea obstáculos y castigos para que no lo logren.

No prestamos ninguna atención a tal advertencia y el día siguiente emprendimos la caminata a ese pico. Debíamos cruzar ríos con ayuda de canoas y a veces utilizar los árboles como puentes. Cuando se hizo oscuro acampamos junto a un río. De pronto, percibimos cómo una gran mancha negra se acercaba a nuestro grupo, rodeándonos. Sin darnos tiempo a reaccionar nos vimos acorralados entre la gran mancha negra que se aproximaba a nosotros y el río. Nuestro guía gritó despavorido:

—¡Las magna magna!

Y lleno de terror cruzó el río a nado y desapareció. Ya no lo volveríamos a ver nunca más.

Como días más tarde averiguaríamos, las magna magna son unas hormigas gigantes carnívoras que poseen una dentadura muy poderosa. Se las denomina magna magna en el oeste de África, o siafu en lengua suajili en el este africano, mientras que la ciencia las cataloga como dorylus. Se alimentan de gusanos, de insectos y de ratas. Se han dado casos en los que se han comido seres humanos, sobre todo bebés de pecho. Viven en colonias de 20 y hasta 50 millones de ejemplares y todas son ciegas. Poseen una reina que gobierna sobre las hormigas obreras y las que hacen la labor de soldados. Están muy bien organizadas y cuando atacan a una presa siguen una estrategia impecable, que se diría militar.

Instintivamente hicimos antorchas y mantuvimos a raya a las hormigas con el fuego, al que temen. Era imposible saltar sobre la mancha negra, pues era de varios metros de anchura y, de intentarlo, uno caería dentro de la mancha, lo que significaría la muerte. Una vez que comienzan a comerse un humano solo le dejan el sombrero y las gafas; todo lo demás lo engullen.

No teníamos tiempo para nada, ni siquiera para beber agua, pues las hormigas eran muy osadas y se acercaban peligrosamente. Cada vez el círculo que habíamos creado era más pequeño, hasta que nos encontramos espalda contra espalda. Todos estábamos agotados. Súbitamente, aparecieron las primeras luces del sol y las hormigas, a la orden de la reina, desaparecieron. ¡Estábamos salvados!

Interrumpimos el ascenso a la cima del monte Niénokoué y nos dirigimos en la furgoneta a la ciudad de San Pedro, en la costa del golfo de Guinea. Fue allí donde experimenté las primeras fiebres: había contraído el paludismo. Me pareció que se había cumplido la maldición del espíritu del monte Niénokoué.

Mis compañeros me ingresaron en un hospital de Abiyán, donde permanecí varios días en un estado casi moribundo, recibiendo alimento a través de una botella de suero. De regreso en Barcelona tuve que seguir el tratamiento por un tiempo hasta que, finalmente, recobré la salud.

Cruzo ríos a través de
árboles en el Parque
Nacional de Taï.

Dormí siete noches
seguidas a los pies de la
Gran Esfinge de Guiza.

Me hallo descansando sobre
mi falúa por el río Nilo entre
Luxor y Asuán.

La estatua de la liberación
de la esclavitud en la isla
de Gorée.

EGIPTO

67 – La mirada inquietante de la Gran Esfinge de Guiza

He viajado numerosas veces a Egipto, en las que visité los templos sagrados de la antigüedad y estudié la mitología egipcia, experimentando muchas aventuras.

Pero la experiencia más inquietante que he tenido en ese país me sucedió precisamente durante mi primer viaje a Egipto en el año 1984, cuando en un albergue de El Cairo un viajero inglés nos relató a un grupo de viajeros haber dormido la noche anterior en lo alto de la pirámide de Keops.

En aquel entonces se podía trepar hasta la cúspide de esa pirámide burlando a los guardianes, o bien sobornándolos por un puñado de libras egipcias en caso de ser sorprendido por ellos. Según el inglés, había que llevar consigo una manta, pues el viento allí arriba era frío. Me contó que hasta era posible pasar una noche en el interior de Keops.

Yo no había trepado a esa pirámide, aunque días atrás penetré en su interior como un turista más, arrastrándome por sus estrechos corredores.

Un buen día, inspirado por la narración del viajero inglés, dejé el albergue y tomé un autobús a Guiza decidido a dormir, no en la cima de la pirámide de Keops, sino en otro lugar que considero aún más fantástico y sagrado: la Gran Esfinge.

Esa noche esperé a que acabaran los shows de Luz y Sonido en diversos idiomas para los turistas. Tras ello, trepé por una verja, desplegué mi saco de dormir y me instalé a los pies de la Gran Esfinge para descansar hasta el amanecer. Y así durante siete noches seguidas. Deseaba adquirir lo que se conoce como baraka –o bendición– de los lugares sagrados y presentía que la mirada inquietante de la Gran Esfinge, más el dormir a sus pies, me la proporcionarían.

Durante esas noches la Gran Esfinge me indujo a intuir el significado de los cuatro símbolos de su alegoría, que también representan a los cuatro evangelistas a manera de un tetramorfo: el toro de san Lucas, el león de san Marcos, el águila de san Juan y el ángel de san Mateo. El cuerpo de toro reposa sobre garras de león y está flanqueado por dos alas de águila -hoy desaparecidas-, y la cabeza humana evoca amor, pues es un ángel.

Reflexioné y llegué a la conclusión que esa Gran Esfinge era un "legamonismo", o un legado de sabiduría de civilizaciones anteriores. Y, sin duda, entre las siete maravillas del mundo de la antigüedad, el complejo que alberga las pirámides de Egipto es la más importante y espectacular de todas ellas.

****

68 – El viaje fluvial en falúa desde Luxor a Asuán

Uno de los viajes más inquietantes que he experimentado en África me sucedió en Egipto. Todo comenzó en el albergue de Luxor donde estaba alojado. Allí hice amistad con varios viajeros: dos franceses, un australiano y dos chicas alemanas. Juntos compartíamos las vivencias en los lugares que habíamos visitado recientemente por Egipto y países vecinos, como Israel y Jordania. Y entonces se nos ocurrió proseguir nuestro viaje en compañía desde Luxor hasta Asuán en falúa remontando el río Nilo.

En consecuencia, nos dirigimos a la orilla del río y allí negociamos con el dueño de una falúa, estableciendo el precio en 100 libras egipcias por persona, incluidas las comidas, para que nos trasladaran a los seis viajeros desde Luxor a Asuán durante cinco días con cuatro noches.

A la mañana siguiente nos presentamos en el puerto a la hora convenida y nuestra falúa zarpó impulsada por el viento con destino a Asuán. Pronto se nos unió otra falúa con varios extranjeros a bordo y las dos viajaríamos a la par. En ella iban tres chicas islandesas, una viajera sueca, un francés, un danés y un estadounidense. Procuramos coincidir cada noche y así organizar una intensa vida social, cantando, bailando, cocinando, contando anécdotas de viajes, etc.

Esa navegación por el Nilo fue inolvidable e inquietante a la vez. El paisaje era verde a ambas orillas del río; atravesamos pequeños poblados donde nos deteníamos para comprar algunos productos, vimos vacas pastando, infinidad de palmeras –a las que trepábamos para agarrar dátiles–, más pequeñas islas fluviales llenas de vegetación. A veces nos sobrevolaban partidas de aves y por unos instantes el cielo se oscurecía. Las noches eran serenas, estrelladas y escuchábamos el chapotear del agua acompañado del ruido de los mástiles de la falúa debido al oleaje.

Durante la travesía, los franceses no paraban de hacer fotografías, la sueca bailaba todo el tiempo, día y noche, las tres islandesas cantaban, el australiano se bañaba en el río atado a la falúa por una cuerda y yo me relacionaba con todos.

El capitán de nuestra falúa permanecía todo el día en su puesto, impertérrito, mientras que a su ayudante siempre le veíamos con su cordel pescando peces, que nos preparaba para cenar.

Durante esos días hicimos paradas nocturnas en Esna, Edfu y Kom Ombo, donde visitamos los famosos templos.

A veces nos adelantaban cruceros llenos de turistas. El oleaje que causaban casi hacía zozobrar a nuestras embarcaciones. Sus pasajeros nos miraban sonriendo para sí con cierto desaire y algunos nos señalaban con el dedo; nos debían tomar por seres excéntricos y paupérrimos. Muchos de ellos nos hacían fotografías como si fuéramos gente rara.

El quinto día, al llegar a Asuán, todos nos abrazamos, incluyendo el capitán y su ayudante. Poco rato después nos separamos para seguir cada uno su propio viaje.

SENEGAL

69 – El almacén de esclavos en la isla de Gorée

En el puerto de Dakar abordé una chaloupe (chalupa) que unos 20 minutos más tarde atracó en la isla de Gorée (Gorea en español).

Durante medio día visité esa diminuta y tranquila isla, de unas 17 hectáreas de superficie, donde no había vehículos.

Gorea es una isla tristemente célebre por haber constituido un "almacén" de nativos africanos a los que se secuestraba para ser embarcados al continente americano y ser allí esclavizados.

Vi los "almacenes" donde se encerraba en condiciones crueles a esos africanos, también entré en las casas señoriales de los negreros y me detuve por un buen rato ante el monumento dedicado a los esclavos, consistente en una pareja de africanos rompiendo sus cadenas sobre un tambor gigante. Visité el museo y la Maison des Esclaves, la iglesia católica y la mezquita suní, el fuerte y el castillo.

Durante su cautiverio en Gorea los hombres y las mujeres africanos estaban separados, así como los niños. Todos eran encadenados y encerrados de modo infrahumano en calabozos. Los más débiles eran arrojados al mar, sin piedad, para que murieran, pues los esclavistas americanos no querrían comprarlos. Cuando llegaba un negrero para comprar esclavos, los tratantes los exhibían como si fueran animales y les abrían la boca para que se viera la dentadura, pues el que la tenía más sana valía más dinero.

Durante más de 300 años la isla de Gorea fue el mercado de esclavos más importante de África, desde donde se embarcaban hacia los Estados Unidos de América, Brasil y diversas islas del mar Caribe. Portugueses, franceses y neerlandeses, más ingleses se ocupaban de ese execrable tráfico humano. Los puertos de Lagos y

Lisboa en Portugal, Nantes en Francia o Liverpool en Inglaterra eran adonde se les trasladaba antes de embarcarlos a América.

Leí en un letrero que por la isla de Gorea pasaron unos 20 millones de seres africanos para ser esclavizados en América.

Actualmente, la isla entera se considera un santuario de reconciliación y se han establecido permanentemente en ella unos nativos seguidores del movimiento rastafari que viven de las limosnas de turistas y simpatizantes con sus ideas.

Siento ternura por los africanos, me parecen los seres más buenos y humanos del mundo; por ello, durante el regreso a Dakar en la chalupa me sentí muy inquieto y me mantuve en silencio, meditabundo, por la tristeza que me produjo lo que vi y aprendí en ese medio día.

TOGO

70 – El mercado de fetiches de Lomé

Durante mi estancia en la ciudad de Lomé invertí una mañana en visitar el mercado de fetiches de Akodessawa (catalogado como el más grande del mundo en su género), lo cual constituiría el lugar más inquietante que visité en Togo.

No me arriesgué a ir solo a ese mercado, que quedaba a unos 2 kilómetros del centro –donde me hallaba alojado–, pues en esos días había una huelga general en el país y la gente no tenía trabajo ni dinero para comprar alimentos. Juzgué que sería más prudente ir junto a un africano, por ello le pedí ayuda a un nativo que conocí en un supermercado, quien consintió en acompañarme a cambio de una propina de 500 francos CFA.

El mercado de fetiches estaba de huelga, pero constaté que la mitad de sus puestos estaban abiertos. Mi "guía" me informó de que la mayoría de los hechiceros no eran de Togo, sino que venían del país vecino de Benín.

Todos los puestos exhibían partes repelentes de cadáveres de animales, como ratas, cabras, pájaros, perros, ranas, salamandras disecadas, cuernos de búfalos, etc. También vi muchos fetiches de madera con el sexo exageradamente pronunciado.

Un hechicero me invitó a entrar en su cabaña de paja y acto seguido me pidió 100 francos CFA para comprar vino de palma de coco. Se los di y regresó a los pocos minutos con una botella, sorbió un poco de vino y, a continuación, lo escupió regándolo sobre unos fetiches que nos rodeaban, todos con plumas ensangrentadas, provocando horror y sensaciones siniestras que me produjeron una gran inquietud.

El brujo me colocó en el cuello un grisgrís, consistente en una bolsita de cuero conteniendo, según él, hierbas de cuarenta y ocho plantas diferentes. Y preguntó a los espíritus representados por los fetiches qué propina le daría por ese grisgrís que me libraría de todo mal durante mi venturoso viaje por África. Comenzó pidiéndome 10.000 francos CFA; luego, al ver que yo no reaccionaba, rebajó el precio a 9000 francos CFA, a 8000, a 7000...

Al constatar tanta avidez comercial, devolví el grisgrís al brujo al tiempo que le explicaba que tenía poco dinero y me esperaba un largo viaje. Él entonces apeló a la huelga, a los días que llevaba sin comer y al malestar que sentirían sus espíritus por haber sido invocados inútilmente. Finalmente, le regalé 500 francos CFA por su demostración y regresé a mi alojamiento.

Vendedores de fetiches en el mercado de Lomé.

AMÉRICA

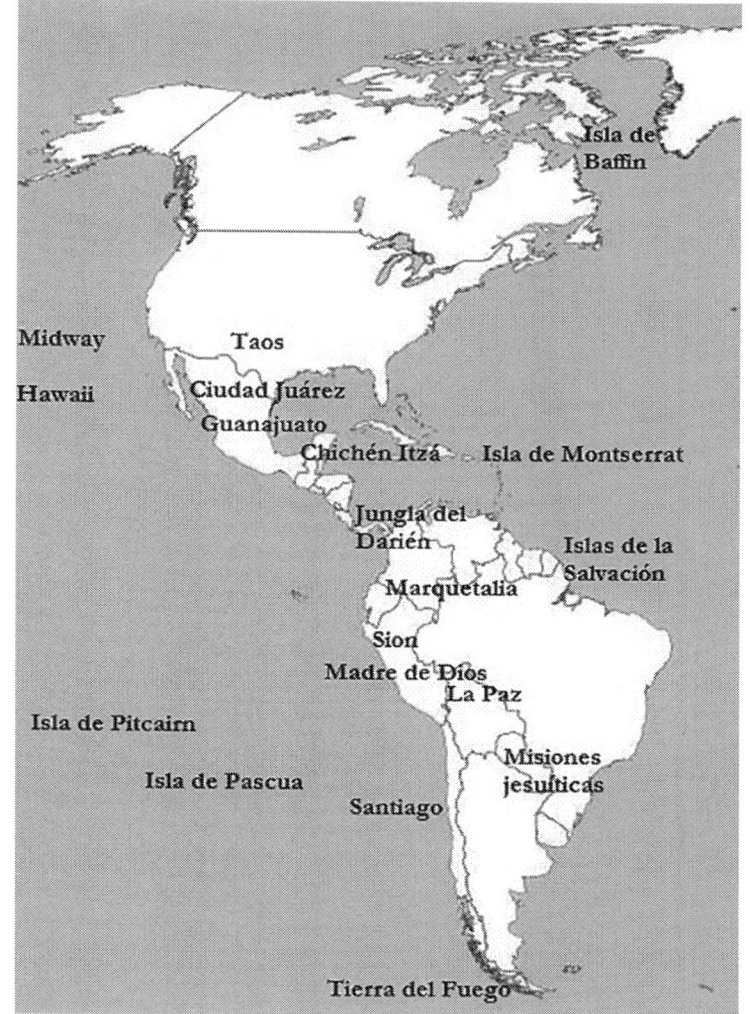

Isla de Baffin

Midway

Taos

Hawaii

Ciudad Juárez

Guanajuato

Chichén Itzá   Isla de Montserrat

Jungla del
Darién   Islas de la
                          Salvación

Marquetalia

Sion

Madre de Dios
                  La Paz

Isla de Pitcairn

                                    Misiones
Isla de Pascua   jesuíticas

            Santiago

Tierra del Fuego

BOLIVIA

71 – EL CAMINO A LOS YUNGAS

Encontrándome en La Paz caminé a la terminal central de autobuses para comprar un billete a Rurrenabaque atravesando el "Camino a Los Yungas" –también conocido como "Camino de la Muerte"–, pero me informaron de que los autobuses a ese destino no salían de esa estación, sino de un callejón que se halla junto al famoso Mercado de la Coca.

Abordé un autobús local y hacia allí me dirigí. Una vez que localicé el callejón compré el billete a Rurrenabaque y, como disponía de tiempo, entré en ese mercado de la coca. Un letrero a la entrada afirmaba: "La Coca es Vida".

Tráfico en el "Camino de la Muerte".

Vi a centenares de personas que se afanaban en comprar enormes sacos de arpillera llenos de hojas de coca, los introducían en camiones o en coches particulares y se los llevaban raudo a los pueblos de los alrededores para la reventa.

Había mesas en el interior del mercado donde preparaban bebidas y comidas rápidas. Me senté y ordené un té a base de hojas de coca.

La hoja de coca es un estimulante y su venta está autorizada por el Gobierno de Bolivia, aunque para venderla fuera de La Paz se precisa un permiso.

Pronto embarqué en un destartalado autobús con destino Rurrenabaque. Me sentía inquieto por todo lo que me habían contado acerca de la peligrosidad del trayecto que me proponía acometer.

A la salida de La Paz observé en unos postes unos grandes muñecos del tamaño de un hombre colgados por el cuello. Era un aviso para espantar a los malhechores con intenciones canallescas. Los pasajeros me dijeron que en muchos sitios de Bolivia la gente se toma la justicia por su mano y, cuando capturan a un ladrón infraganti, lo cuelgan de un árbol. Y en los pueblos donde no hay policías, como comprobaría al día siguiente cuando visité uno de ellos frente a Rurrenabaque (llamado San Buenaventura), los indígenas disponen de una picota o dos trozos de madera que se ensartan y donde introducen por tres agujeros la cabeza y las dos manos del forajido. Si el castigo es leve, el castigo se le levanta en 24 horas, pero si se trata de un crimen lo dejan allí morir.

Pronto el autobús llegó al inicio de la Carretera de la Muerte, aunque allá estaba escrito en español "Bienvenido. Camino de la Muerte. Conserve su izquierda" y lo habían traducido al inglés como "Road of Death".

También esa ruta se conoce como Camino a Los Yungas y está considerada la más peligrosa del mundo. Cada año se cobra centenares de víctimas mortales.

La obligación de conducir por la izquierda en el Camino de la Muerte es para evitar accidentes.

El trayecto es bello, bellísimo, extraordinario y también sobrecogedor; me pasé todo el tiempo mirando por la ventana y tomando fotos. A veces atravesábamos repechos donde nos cubría la bruma. Con frecuencia, el autobús se detenía para ceder el paso a los camiones, especialmente en tramos estrechos por donde solo un vehículo podía circular.

Ningún pasajero dormía o hablaba; todos estaban inquietos y en tensión debido a que esa ruta asciende primero a los 4650 metros para luego descender a los 1050, mediando una diferencia de 3600 metros en un recorrido de 64 kilómetros.

Ese camino fue construido por los prisioneros paraguayos durante la Guerra del Chaco entre Bolivia y Paraguay en los años de 1930.

Pero esa Guerra del Chaco no es la única importante entre países sudamericanos. Mucho más trágica y de peores consecuencias fue la Guerra de la Triple Alianza (acaecida entre 1864 y 1870), en la cual Uruguay, Brasil y Argentina se enfrentaron –y vencieron– a Paraguay.

Para Paraguay esa guerra contra tres países simultáneamente fue un verdadero holocausto, pues perdió el 70 por ciento de su población total.

Llegué de madrugada a Rurrenabaque, en el departamento del Beni, nombre del río que marca la frontera con el departamento de La Paz.

Estuve inquieto durante el trayecto, pero aliviado al llegar a Rurrenabaque por el éxito de haber cruzado sin incidentes ese "Camino de la Muerte".

CANADÁ

72 – El solsticio de verano de los inuit de la isla de Baffin

Viajando por los alrededores de la ciudad de Yellowknife –Canadá– averigüé que, en breves días, exactamente el 21 de junio, se celebraría en la isla de Baffin el llamado "National Indigenous Peoples Day" (día nacional de los indígenas) coincidiendo con la entrada del solsticio de verano, en el cual participarían no solo los inuit de la isla de Baffin, sino que también acudirían nativos inuit de otros territorios del océano Glacial Ártico, como Alaska, Siberia, Laponia y Groenlandia.

No me quise perder ese evento, así que un 18 de junio volé desde Yellowstone a Iqaluit, la capital de la isla de Baffin y del territorio de Nunavut.

Cuando aterricé en Baffin me sentí emocionado por pisar la quinta isla más grande del planeta, cuanto más que ya conocía las cuatro islas anteriores: Groenlandia, Nueva Guinea, Borneo y Madagascar.

El centro de la ciudad de Iqaluit se hallaba a unos 10 minutos a pie del aeropuerto. Por el camino vi una cafetería que tenía forma de iglú y me apercibí de que casi toda la población de Iqaluit era de raza inuit.

Desde el primer día comprobé que todo era muy caro en esa ciudad, en especial los alimentos como frutas y verduras, ya que se debían traer desde el sur del país, por ello considero que fui afortunado al encontrar un alojamiento céntrico donde se ofrecían precios moderados para dormir. Todos los clientes eran inuit, sin excepción, hasta los recepcionistas y las mozas de la limpieza. Más tarde averiguaría que ese hospedaje es un centro inuit donde los clientes esperaban unos días antes de volar hacia ciudades como Ottawa o Montreal.

Los inuit me parecieron muy tímidos. Todos estaban gordos, pues ya no pescan ni cazan, sino que reciben dinero del gobierno de Canadá sin trabajar. Al principio nadie me saludaba, pero ya al segundo día, al comunicarles que era español –por lo tanto europeo– y que mis antepasados nunca se vieron forzados a emigrar a América, ellos empezaron a considerarme un visitante, pero no un descendiente de los invasores europeos que les arrebataron sus tierras y exterminaron a sus gentes. Sin embargo, a pesar de convivir con ellos una semana, compartiendo incluso el desayuno, nunca me consideraron "amigo" ni me confiaron sus pensamientos.

La temperatura era muy baja y el mar aún estaba cubierto de hielo. Los nativos vivían en casas prefabricadas debido a las condiciones de permafrost del terreno. El edificio del hospital era enorme y muy moderno, así como el de la escuela. Había una iglesia católica con un párroco polaco, más otra pequeña anglicana. Junto a la biblioteca, que visitaría a diario para documentarme sobre la cultura inuit, había una galería de arte y un museo. Caminando unas dos horas se llegaba a un poblado vecino llamado Apex, en cuya costa aún se distinguían restos de un antiguo asentamiento ballenero. En lo alto de una colina que dominaba Iqaluit se erguían varios Inukshuks de piedra –un símbolo de los inuit–. La vista de la bahía desde esas alturas era sobrecogedora y bella.

En la oficina de información y turismo, sita en el mismo edificio de la biblioteca, aprendí que la lengua inuktitut de los inuit era cooficial en Nunavut, junto al francés y al inglés. El inuktitut es una lengua muy parecida a la de los inuit de Groenlandia, Siberia y de otros pueblos árticos, pero mientras en Siberia se usa el alfabeto cirílico y en los demás territorios el latino, en Nunavut utilizaban un alfabeto propio de formas geográficas inventado por un predicador inglés a mediados del siglo XIX.

Fue precisamente algo que vi en la biblioteca lo que más me inquietó durante mi visita a la isla de Baffin. Me fijé que en el suelo habían dibujado un gran mapamundi muy original; nunca antes había visto ninguno parecido.

En los mapamundis de los países europeos se sitúa Europa en el centro; a la izquierda se encuentra América; al sur, África; mientras que al este se localizan Asia y Oceanía.

En los mapas de China –que significa "país del centro"– en el centro se representa a China y al conjunto de Asia; Oceanía y América se ubican a la derecha y a la izquierda se detalla Europa y África.

Pero en ese mapa de la biblioteca de Iqaluit ¡el centro estaba representado por el polo norte geográfico! Era muy inquietante. La parte principal estaba delimitada por el círculo polar ártico –hasta los 66 grados y 33 minutos– y comprendía todo el norte de Canadá, Alaska, Siberia, Groenlandia y el norte de la península escandinava.

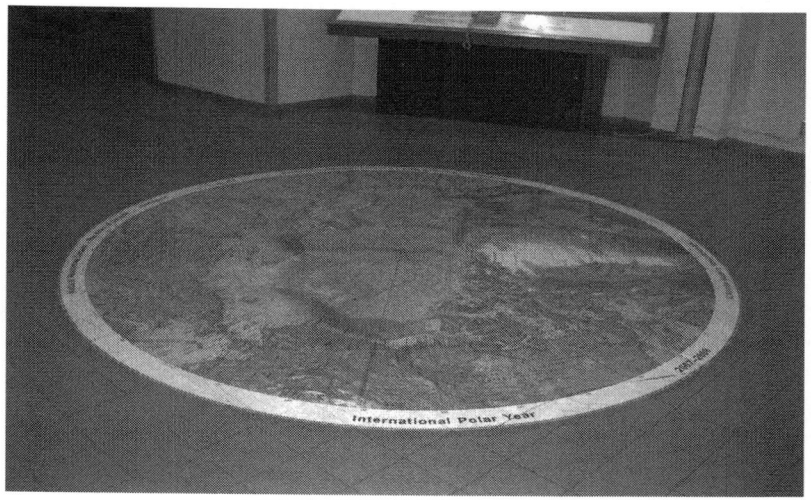

El original mapamundi de los inuit de la isla de Baffin.

Ese mapamundi de la biblioteca, además de inquietarme, me ayudó a comprender el comportamiento evasivo de los inuit de mi hostal para relacionarse con personas que no fueran inuit, como era mi caso, pues ellos tenían una comprensión diferente del mundo.

Cada día visitaba ese mapamundi y me quedaba frente a él sin poder apartar los ojos durante largo rato, completamente mesmerizado.

En esos días festivos toda la ciudad estaba de buen humor, desde los inuit hasta los canadienses que allí trabajaban. No vi ningún turista; al parecer, yo era el único extranjero. En una gran explanada enfrente del supermercado habían levantado una gran carpa en cuyo interior se celebrarían los eventos del solsticio de verano. Las gentes vestían de manera tradicional inuit, sobre todo las mujeres, que lucían vestidos con motivos florales.

Cuando llegó el 21 de junio todos los habitantes se reunieron en esa carpa, donde se repartieron comida y bebidas. Dos chicas presentadoras anunciaban las actuaciones; una de ellas lo hacía en inuktitut y la otra traducía al inglés.

Hubo cantos guturales imitando el sonido de los animales del ártico. Luego, unos jóvenes danzaron e interpretaron ceremonias dedicadas a la caza de la ballena, del pato y de las focas.

El tercer día interpretaron una obra teatral dedicada a Sedna, la diosa del mar en la mitología inuit.

Las fiestas durarían hasta el 1 de julio, día que comenzaría otra celebración: la fiesta nacional de Canadá.

Tras los festejos decidí proseguir mi viaje y compré un billete de avión a Ottawa.

CHILE

73 – El Palacio de la Moneda en Santiago

En Santiago de Chile debí esperar dos vuelos: uno de ida y vuelta a la isla de Robinson Crusoe –en el archipiélago de Juan Fernández– y, de regreso a Santiago, no tardé en abordar el segundo, esa vez a la isla de Pascua.

Durante varios días me alojé en el hotel España, cerca de la Plaza de Armas, empleando el tiempo en explorar los lugares más turísticos, como fueron la iglesia de San Francisco y un mercado tradicional. Pero la única visita que me inquietó fue la que realicé al "Palacio de la Moneda" un día de puertas abiertas, donde un guía nos condujo por los lugares más interesantes e históricos de ese edificio, que alberga la presidencia del Gobierno de Chile.

Ese palacio se había mandado erigir por el rey español Carlos III como una casa de acuñación de moneda. El diseño de los planos corrió a cargo del arquitecto Gioacchino Toesca, nacido en Roma –en los entonces Estados Pontificios-, quien también se ocupó de acabar la construcción de la catedral de Santiago de Chile.

Además, coincidí con uno de los días del cambio de guardia, con músicos y exhibición de caballos. El despliegue de medios fue espectacular. Hubo música de trombones, trompetas, clarinetes, pitos y flautas interpretada por medio centenar de músicos con sus uniformes militares. Al mismo tiempo desfiló una cuarentena de caballos –con sus cuarenta jinetes asiendo lanzas– y más de cien soldados con sus espadas y rifles. Los temas musicales interpretados eran muy conocidos. Me emocioné cuando el primero de ellos fue el Concierto de Aranjuez, del Maestro Rodrigo. También tocaron una samba, debido, sin duda, a la multitud de turistas brasileños que había por Santiago en esos días. Al acabar el espectáculo se izó la bandera chilena. Todos los asistentes nos sentíamos regocijados y no paramos de aplaudir.

Acto seguido nos invitaron a visitar el Palacio de La Moneda, donde nos fueron mostrando diferentes salas, casi todas bautizadas con nombres de colores, como Salón Amarillo, Salón Azul o Salón Rojo. Al llegar al Salón Blanco nos contaron muy brevemente que el presidente de Chile, Salvador Allende, cometió suicidio en ese salón disparándose en la cabeza mediante un rifle ruso Kalashnikov AK 47 (regalo del dirigente cubano Fidel Castro) durante el golpe de Estado del 11 de septiembre del año 1973, cuando las Fuerzas Armadas de Chile, comandadas por el militar Augusto Pinochet –el perpetrador de dicho golpe– bombardearon ese palacio hasta conquistarlo.

También vi salones dedicados al explorador español Pedro de Valdivia, al arquitecto Gioacchino Toesca, a la Independencia de Chile, etc. Una vez en el llamado Patio de los Cañones observé que esos cañones, fabricados por los españoles bajo las órdenes del barcelonés Manuel de Amat y Junyent -que fue virrey de Perú y Chile-, se preservaban en perfecto estado, como si fueran nuevos.

Los guardias eran muy amables y no ponían objeciones a dejarse fotografiar con los turistas, que éramos muchos, superando el centenar.

Cuando acabó esa excursión, un brasileño con quien trabé amistad me remarcó que la visita había sido muy didáctica, pero que no era cierto lo que nos habían explicado sobre el supuesto suicidio de Salvador Allende, ya que –según él– había sido asesinado por órdenes de la CIA, quien habría promovido y financiado ese golpe de Estado. Y me contó que una conocida frase pronunciada por Salvador Allende cuando le preguntaron sobre la posibilidad de un golpe de Estado en Chile, fue: "Yo terminaré de presidente de la República cuando cumpla mi mandato. Tendrán que acribillarme a balazos, como lo dijera ayer, para que deje de actuar".

Me dejó muy inquieto e intrigado esa observación del brasileño; por ello, al regreso a mi hotel a pie, pregunté al recepcionista sobre lo que el pueblo chileno opinaba sobre ese supuesto suicidio. También consulté diversas páginas de internet, donde leí que Salvador Allende nacionalizó la minería chilena, en especial el cobre (Chile es el mayor productor del mundo de este metal), lo que enfureció al Gobierno de Estados Unidos por el perjuicio económico que le supuso.

A partir de esa visita, cada vez que me paseaba por una avenida central conocida como "Alameda" –a apenas 300 metros de mi hotel– no podía evitar tener sensaciones inquietantes al avistar el Palacio de la Moneda.

Me fotografiaron junto a una militar en el Palacio de la Moneda.

74 – Los nativos selknam de Tierra del Fuego

En el sur de Argentina abordé un ferri que me depositó en la parte chilena de la Isla Grande de Tierra del Fuego. Pocos kilómetros más adelante crucé a San Sebastián –en el lado argentino de la isla– y horas más tarde llegué a la ciudad de Ushuaia, que visité durante varios días.

Tras ello proyecté alcanzar la ciudad chilena de Puerto Natales para abordar un barco hasta Puerto Montt, atravesando la escénica zona de los canales. En consecuencia, regresé a San Sebastián para dirigirme a la parte extrema de la isla, a la población chilena de Porvenir, sita a unos 150 kilómetros de distancia, ya que desde esa ciudad podría navegar hasta la ciudad de Puerto Natales, en Chile continental.

Pero en San Sebastián me informaron de que no había transporte público hacia Porvenir hasta 3 días más tarde, lo que alteraba mis planes.

Reflexioné sobre cómo proseguir mi viaje y resolví que caminaría y, al mismo tiempo, practicaría el autostop. Tras una hora de marcha, en la cual no pasó ningún coche, crucé a la parte chilena de la isla. Y seguí caminando… y caminé… y aún caminé…

Era un mes de agosto, me hallaba en la estación del invierno en el hemisferio sur, hacía mucho frío y caía aguanieve.

Tras cuatro horas más caminando a paso ligero divisé a lo lejos unas casas y me acerqué a ellas a pedir agua y socorro.

Las casas formaban parte de una estancia que se dedicaba a la ganadería. Era la hora de la merienda, que en Chile es muy popular y llaman once.

Descubrí con agrado que en las estancias de la Isla de Tierra del Fuego chilena la hospitalidad es un honor. El dueño y los peones vinieron a verme montados a caballo: eran gauchos. Me acogieron muy bien. Incluso los perros, en vez de ladrar, meneaban sus colas.

Me sentaron en la mesa presidencial y me fue servido un gran once. Tras jugar con ellos unas partidas a las cartas y a un juego que ellos llaman "truco" mientras sorbíamos mate, vino la gran cena y entre cuatro gauchos y yo nos comimos medio cordero. Para dormir me señalaron mi cuarto, con estufa de leña y varias pieles de guanaco para abrigarme.

Allí llaman caminantes a los viajeros a pie, para quienes las cocinas de las estancias permanecen siempre abiertas con café y bollos de nata preparados para que los caminantes se sirvan en caso de que los gauchos estén trabajando y no hallen a nadie en la casa.

Los gauchos son nómadas intrépidos de mestizo origen, tanto de indígenas como de europeos (principalmente españoles), que viven en las pampas de la Patagonia argentina, sur de Brasil, Uruguay, Chile y en las llanuras verdes de la Isla Grande de Tierra del Fuego. Son gente noble. La indumentaria de mis anfitriones se componía de un sombrero plano de ala, pantalones holgados sobre las botas, un amplio cinturón de plata o con monedas clavadas en el cuero, un poncho de lana y un pañuelo de colores.

Las armas que utilizaban en la captura de caballos salvajes y de ganado (con frecuencia para hacerse con su piel) eran el lazo, una cuerda con un nudo corredizo en uno de sus extremos y las boleadoras, un tipo de honda formado por varias bolas unidas mediante una cuerda fuerte, que se lanzaba para inmovilizar las patas de la presa.

Me contaron que durante la segunda mitad del siglo XIX la modernización de la cría de ganado, la llegada de granjeros europeos a Sudamérica y la parcelación de las pampas marcaron el fin del independiente y duro modo de vida de los gauchos, muchos de los cuales hubieron de convertirse en peones del campo. Al igual que ocurrió con los vaqueros de Estados Unidos, los gauchos siguen siendo una figura heroica en el folclore, la música y la literatura sudamericanas.

El segundo día, tras caminar unas seis horas, me acerqué a otra estancia cuyas atenciones hacia mi persona rivalizaron con las del día anterior. Cuando me divisaron a lo lejos, los gauchos rápidamente galoparon a mi encuentro para darme la bienvenida, encenderme la estufa de leña y prepararme unas tajadas de cordero para que aguantara hasta la hora de la cena. Conectaron la radio, me entregaron revistas y volvieron a montar en sus rocines para marcharse al trote a sus lugares de trabajo.

El tercer día acertó a pasar por allí el dueño de una estancia vecina con su coche y me llevó a Porvenir, un pueblo con mayoría de emigrantes provenientes del antiguo país de Yugoslavia. Junto al puerto había un letrero con las distancias en millas marinas a Punta Arenas, a Puerto Montt, a Valparaíso y a Dubrovnik –en Croacia.

Crucé de nuevo el estrecho de Magallanes hasta Punta Arenas, donde permanecería tres días. Había logrado mi objetivo viajero, aunque ello me iba a suponer aprender una historia dramática sobre los antiguos nativos de la Isla Grande de Tierra del Fuego que me inquietaría enormemente.

En Punta Arenas, el lugar donde solía almorzar cada día era el restaurante de la Casa España. Gracias a las charlas con los españoles que acudían a ese club a diario, me enteré de que a la llegada de los españoles esa isla estaba habitada por los indígenas onas –o selknam–. Durante la segunda mitad del siglo XIX, cuando tanto Chile como Argentina eran países independientes, se instalaron en esa isla grandes compañías ganaderas que crearon estancias ovejeras, lo cual creó conflictos con los indígenas selknam, unos 4000, quienes poco a poco serían exterminados completamente, sin piedad, hasta las mujeres y bebés de pecho, para despojarles de sus tierras. Esas compañías ganaderas llegaban a pagar 1 libra esterlina por cada nativo que asesinaran y como prueba para cobrar esa recompensa había que mostrar las orejas o manos de un nativo. También participaron en esas masacres los buscadores de oro, tanto chilenos, como argentinos y británicos.

En la actualidad, tanto la raza selknam como su lengua están extinguidas.

Con gran inquietud al conocer estos datos históricos, abandoné el cuarto día Punta Arenas para dirigirme en autobús a Puerto Natales.

$$****$$

75 – Encuentro con personajes inquietantes en la isla de Pascua

Nunca en mi vida me había encontrado con tantas personas inquietantes a la vez hasta que viajé a la isla de Pascua.

Tras un largo vuelo desde Santiago de Chile que a todos los pasajeros nos pareció interminable, llegué por fin a la deseada isla de Pascua. Desde la ventana se observaban algunos moáis –las características estatuas de piedra de esa isla– frente al aeropuerto.

La mitad de los pasajeros proseguirían a la isla de Tahití en ese mismo avión; pero, como tenían varias horas de escala en Pascua,

Una de las estancias donde me
alojé en Tierra de Fuego.

Sentado ante una hilera de
7 moáis en la isla
de Pascua.

algunos aprovecharon para contratar los servicios de un taxi y recorrer la isla antes de emprender el nuevo vuelo.

Mucha gente esperaba a los pasajeros: taxistas, agentes de viajes,
hoteleros, familiares, etc. A la salida, una mujer ofrecía por un precio razonable habitaciones compartidas, así que acepté su precio y
embarqué en su coche junto a varios turistas más a los que había
traducido del español al inglés las condiciones de la mujer.

Nos llevaron a Hanga Roa, el poblado principal de la isla, a un
cortijo con un gran patio interior. Allí, tras instalarnos, la dueña
nos invitó a cenar y trató de vendernos figuritas de madera representando a los moáis, al dios "kava-kava", más una tablilla reprodu-
ciendo la escritura de los primeros habitantes pascuenses, llamada
rongo-rongo. Compartí la mesa con tres extranjeros: un joven danés de vacaciones que estaba enamorado de todos los países donde
se habla el español, un neerlandés que tenía una novia en Chile y
vivía en Punta Arenas, más un ruso de los montes Urales que estaba

visitando los lugares más exóticos del mundo para escribir un libro. Además, en una mesa aparte, había sentado un hombre joven con el aspecto más estrafalario que haya jamás visto en mi vida y no creo que encuentre otro igual: era bajo pero fornido, llevaba la cabeza afeitada y completamente tatuada de signos en escritura china. También se había tatuado la cara con varias calaveras, lucía infinidad de perforaciones en los lugares más inesperados del cuerpo, pero su vestimenta era vulgar, así como la gorra que se ponía para ocultar los tatuajes en el cráneo. Esa primera noche no quiso interferir en nuestra amena charla, parecía que nos despreciara, aunque al día siguiente descubriría que el motivo era su timidez. Todos, en algún momento de la cena, mirábamos hacia él de reojo debido a su chocante e inesperado aspecto, que producía escalofríos. Él también nos lanzaba furtivas miradas y estoy convencido de que seguía con interés nuestra tertulia viajera.

El ruso, llamado Sasha, llevaba un año seguido viajando por las islas del océano Índico y diversos países de África. Luego voló a Alaska y bajó por tierra hasta Sudamérica, deteniéndose unos meses en Perú. Y tras la isla de Pascua tenía previsto volar a Punta Arenas para embarcarse a la Antártida. Nos informó de que poseía en la ciudad de Magnitogorsk una fábrica de minerales que exportaba a China y gracias a ello se financiaba sus viajes.

Al día siguiente Sasha alquiló un coche durante una semana y me invitó a acompañarlo a cambio de que le hiciera de traductor, pues él no hablaba el español, mientras que yo dominaba el ruso. También invitó al danés y al neerlandés, pero luego apenas les prestaría atención. A partir del segundo día se incorporaría cotidianamente a nuestro coche el hombre extraño de los tatuajes en el cráneo.

Con el todoterreno de Sasha recorrimos por entero la pequeña isla, deteniéndonos en los principales enclaves históricos, como el volcán Rano Raraku, siguiendo el "camino de los moais", cuyo conjunto arqueológico está considerado el más valioso de la isla. Allí visitamos también la cantera de donde extraían las piedras rocosas para darle forma al moái.

Hacia el mediodía paramos en la histórica playa de Anakena y observamos que se estaban ultimando los preparativos para botar una balsa construida con totora proveniente del lago Titicaca y con la cual su capitán, el expedicionario español Kitín Muñoz, pretendía recorrer los siete mares realizando una larga vuelta al mundo que le tomaría diez años. La operación se llamaba Mata Rangi, que en polinesio significa: "los Ojos del Paraíso".

Bajamos a hablar con él y nos atendió con gran gentileza, invitándonos a comer atún fresco en su tienda, junto a sus compañeros de expedición, a Sasha y a mí únicamente. El danés y el holandés nos esperarían en la playa.

Sasha se sentía tan emocionado que propuso a Kitín participar en su expedición, para lo cual estaba dispuesto a contribuir económicamente en su financiación.

Kitín solo hablaba francés como lengua extranjera, no inglés, por lo que yo traducía del español al ruso la conversación entre ambos. Le comunicó que apreciaba su entusiasmo, pero lamentaba no poder aceptarle a bordo, ya que era una expedición exclusivamente para polinesios, exceptuando él. Y, efectivamente, sus compañeros eran pascuenses, polinesios de Tahití y de las islas Marquesas, más algunos maoríes de Nueva Zelanda. Había también peruanos que se encargaban del mantenimiento de la nave y no embarcarían en ella. La expedición estaba financiada por UNESCO, además de otros organismos, como la Casa Real española.

Encontré inquietante a Sasha y ahora también encontraba inquietante a Kitín Muñoz por su intrépido viaje, que estaba previsto que durara 10 años.

Cuando esa noche nos reunimos en nuestro cortijo, el misterioso hombre de la cabeza rapada oyó cómo hablábamos sobre nuestro encuentro con Kitín. Rápidamente rompió el hielo con nosotros y me pidió con vehemencia que se lo presentara al día siguiente haciéndole de traductor, pues no hablaba español ni francés. Propuso a Sasha pagarle el alquiler del coche, pero este rehusó dinero alguno: lo llevaría gratis.

Tras el desayuno, partimos Sasha, Alwin (ese era el nombre del misterioso compañero) y yo hacia la playa de Anakena. Una vez que dimos con Kitín, los presenté y serví de traductor. Las preguntas de Alwin versaban sobre el motivo de su expedición, tiempo de duración, dificultades con las que se iba a enfrentar, etc. Al cabo de una hora de charla amena, Alwin se despidió de Kitín con visible satisfacción.

Me agradeció enormemente la ayuda y era tal su estado anímico que nos comenzó a contar a Sasha y a mí un sinfín de teorías fabulosas sobre civilizaciones desaparecidas y las razas humanas. En cierto momento hizo alusión a una empresa que contrata mercenarios para luchar en países conflictivos, como Afganistán, El Salvador, Angola, Sierra Leona, Somalia, Irak… Añadió que gracias a trabajar en esos países se había hecho millonario y había comprado una mansión en la isla Flinders, cerca de la isla de Tasmania.

Sasha y yo nos intercambiamos una mirada cómplice: Alwin era, probablemente, un mercenario y sospechamos que los tatuajes de calaveras en su cabeza debían de representar a las personas que había matado durante sus "trabajos".

Alwin, tras Sasha y Kitín, fue la tercera persona inquietante que conocí en la isla de Pascua.

Alwin pidió a Sasha dirigir su coche hacia unas cuevas de la isla. Al llegar, nos señaló una de ellas, explicándonos que en su interior había pasado varios meses en cuatro viajes anteriores a la isla de Pascua. Pero en su quinto viaje, el actual, había preferido alojarse en el cortijo de Hanga Roa.

De pronto, apareció del interior de la cueva una mujer. Al verla sentí una inquietud infinita, lindando en el sobresalto. Era alemana, saludó a Alwin –a quien ya conocía– y nos explicó que ya llevaba allí varios meses viviendo y no tenía intención de regresar a Alemania; quería morirse en esa isla.

Esa alemana –que no nos dio su nombre– sería, tras Sasha, Kitín y Alwin, la cuarta persona inquietante que conocí en la isla de Pascua.

El octavo día me despedí de mis compañeros del cortijo de Hanga Roa y volé con destino a la isla de Tahití.

COLOMBIA

76 – La jungla del Darién

Cuando viajo suelo evitar el avión siempre que puedo para no perderme lo que está entre el origen y el destino. Por ello, prefiero utilizar los medios terrestres de transporte, como trenes, autobuses y, a veces, barcos.

Me encontraba en la ciudad de Panamá y deseaba viajar a Colombia. Había un servicio marítimo que te transportaba desde la ciudad panameña de Colón hasta Cartagena, ya en Colombia. Pero vi por un mapa que en el trayecto solo veía agua y más agua. Fue cuando planeé entrar en Colombia a través del conocido como "Tapón del Darién" o una selva indómita y casi impenetrable infestada de traficantes de estupefacientes, guerrilleros y bandidos. Si se sortean todos los peligros, incluyendo las mordeduras de serpientes venenosas, las enfermedades tropicales, el cruce de pantanos y de ríos, puede tomar unos 10 días el traspasar unos 100 kilómetros si uno se encuentra en buena forma física. Hay que llevar consigo un machete, una mosquitera, buen calzado y comida enlatada.

Generalmente, esa ruta la cruzan migrantes de Asia, de África y hasta de países americanos como Venezuela, Haití y Cuba, para después cruzar ilegalmente a los Estados Unidos de América. Existen organizaciones mafiosas que mediante el pago de varios miles de dólares americanos te guían por toda esa ruta selvática desde la ciudad colombiana de Turbo hasta la población panameña de Yaviza.

Viajé a Yaviza y allí me quedé un día completo preguntando a los lugareños, quienes se sorprendían cuando les decía que deseaba hacer esa ruta a la inversa, pues lo habitual es comenzarla en Colombia. Me desaconsejaron contratar los servicios de una organización, pues con mucha frecuencia dejan abandonados a los migrantes en medio del follaje, especialmente si van solos.

Al final, tras contactar incluso a los militares panameños y oír sus consejos, resolví ser precavido, hacerles caso y probar a entrar en Colombia por un fragmento mucho más corto de selva y menos peligroso, el que conduce desde la ciudad panameña de Puerto Obaldía hasta Capurganá, ya en Colombia.

Regresé a la ciudad de Panamá y allí me uní a un grupo de indígenas gunas de las islas de San Blas que se dirigían a la comarca Guna Yala. Hice amistad con un pastor protestante –llamado Andrés– que poseía una canoa con motor, acordé un precio adecuado con él y prometió llevarme hasta Puerto Obaldía, adonde llegamos cinco días más tarde tras hacer escala en varias islas donde vendía abalorios chinos a los parroquianos de su religión.

Al viajar junto a Andrés, los isleños guna fueron muy gentiles conmigo, me tomaron por uno de ellos y me aceptaban a dormir en sus casas y acompañarlos a pescar. Su franqueza, ausencia de malicia y nobleza me enternecieron.

Todas las mujeres iban vestidas según la tradición de los gunas: con un pañuelo rojo cubriéndose la cabeza, pelo corto, una especie de fajero confeccionado con una tela decorada que ellos llaman "mola" –lo que en su idioma significa "ropa"–, y lucían joyas de oro, como una especie de argolla en la nariz, pendientes, collares, además de multitud de pulseras por ambos brazos y por ambas piernas. Algunas se pintaban la nariz con tinta negra. Los hombres vestían al estilo occidental. Todos utilizaban su propia lengua y a los mayores les costaba hablar el español, no así a los jóvenes, que lo estudian en las escuelas y escuchan música de salsa por la radio. Todos se levantan con el sol y los niños entran en las escuelas a las 7 de la mañana.

Fue un momento sumamente inquietante cuando Andrés me dejó solo al inicio de una senda de la jungla, en la salida de Puerto Obaldía.

Caminé y caminé todo lo rápido que pude, abriéndome paso entre el follaje con codos y brazos. Y así seguí durante unas 6 horas haciendo de vez en cuando una pequeña pausa para orientarme. No me encontré a nadie en ningún sentido, tan solo oía cantos de pájaros y sonidos de animales que no supe identificar.

Finalmente distinguí una población: ¡era Capurganá!

Me presenté de inmediato en Inmigración. Allí, una amable agente, sin preguntarme sobre el dinero que llevaba encima, o si poseía un billete de avión de salida del país, me concedió 90 días de visita turística a Colombia.

Un día más tarde abordé una lancha hasta Turbo: ¡lo había conseguido!

****

77 – Secuestrado en Marquetalia por las FARC

Viajé en autobús desde la ciudad de Bogotá al parque arqueológico de San Agustín. Al cabo de tres días de visitas me dispuse a proseguir mi viaje hacia Ecuador, pero antes entré a pedir información en la oficina de turismo y allí me hablaron de una caminata de tres días desde San Agustín cruzando bellos parajes montañosos hasta el nacimiento del río Magdalena, el más importante de Colombia, que supera los 1500 kilómetros de longitud. Me animaron aduciendo que el primer europeo que realizó tal recorrido fue el conquistador español (de Córdoba) Sebastián de Belalcázar, fundador de las ciudades de Popayán, Cali, Quito y Guayaquil en el siglo XVI.

Me advirtieron de que tuviera cuidado porque iba a atravesar un territorio que los guerrilleros de las FARC (Fuerzas Armadas Revolucionarias de Colombia) consideran suyo y conocen como República de Marquetalia.

Había sesenta kilómetros de distancia hasta el nacimiento del río Magdalena, que dividí en tres días de marcha. El primero dormí en una granja. El segundo día calculé alcanzar la población de Valencia y coincidí por la tarde con un grupo de cinco europeos con grandes mochilas en la espalda, que también iban camino de Valencia. Uno era austríaco; otro, alemán; dos provenían de Suiza y la única chica era noruega. Paramos en una granja por la noche, donde poco más tarde llegaron tres muchachos: Hugo, que era el cabecilla, y dos jóvenes de diecisiete y veintiún años. Ya conocían a los dueños de la granja.

Para cenar, los granjeros prepararon dos mesas, una para los cinco extranjeros y otra aparte para los tres recién llegados y para mí.

Colombia es un país donde se aprecia mucho a los españoles y ese detalle de la mesa lo confirmaba: yo no era un extranjero para ellos. Por gestos así siempre me he sentido más unido al hispanoamericano que al europeo.

Descubrí que esos jóvenes tramaban algo; no portaban equipaje, venían desde Valencia y criticaban a los cinco gringos por provenir de países "capitalistas".

Llegó la noche y todos fuimos a dormir. Los tres muchachos me invitaron a dormir en su habitación, pero yo preferí quedarme con los cinco europeos, pues los colombianos habían bebido mucho aguardiente y no hacían más que cantar y escuchar la radio a todo volumen. Por la mañana, desconfiando de los tres muchachos, tomé mi bolsa conmigo para ir a desayunar, mientras que los cinco europeos dejaron todo sobre sus camas. De pronto, uno de ellos regresó a su cuarto y sorprendió a los tres muchachos registrando sus mochilas y amenazándole con revólveres.

Vino a avisarme para hacer de traductor. Los dueños de la granja salieron impasibles a ordeñar las vacas, dejándonos solos.

Al ir hacia el cuarto se me adelantó Hugo y me dijo:

—Tranquilo, hermano, que no va contra ti. Somos guerrilleros de las FARC y necesitamos todo lo de valor que tengan estos gringos. Tú eres español y tenemos la misma sangre, pero esos cinco niños mimados gozan de una posición holgada en sus países; no hay más que verles sus ropas y modales. Vienen a Colombia, se enseñorean con sus dólares y luego regresan a sus países indiferentes. ¡Deben aportar algo para el equilibrio económico!

Los tres guerrilleros se llevaron los sacos de dormir, los anoraks, las cámaras de fotos, relojes y todo el dinero que encontraron en sus mochilas. Merced a mi mediación no les registraron los bolsillos ni se llevaron sus pasaportes, ni los pasajes de avión o cheques de viajero. Antes de despedirse, les dijeron:

—Esto es un impuesto revolucionario por atravesar nuestros dominios de la República de Marquetalia. Aquí no entran ni militares ni policías. ¡Es territorio de las FARC!

Varios de los extranjeros se asustaron, y hasta llegaron a desconfiar de mí, puesto que no me habían robado nada (tampoco llevaba mucho para que me robaran) y siempre había permanecido al lado de los tres guerrilleros.

Tras el robo, los cinco extranjeros se marcharon rápidamente, sin esperarme. Todos abandonamos nuestro objetivo de alcanzar las fuentes del río Magdalena.

Hugo me indicó entonces:

—En Valencia os encontraréis con las FARC en pleno, pues hoy es domingo y celebran una reunión. Pregunta por Víctor y no te harán nada a ti y tal vez tampoco a los cinco gringos si tú intercedes por ellos. No somos bandidos, luchamos por nuestra causa y no consideramos justo que existan estas aberraciones entre personas cargadas de muchos dólares que no saben qué hacer con ellos y, por otro lado, los campesinos esclavizados que acabas de encontrarte a lo largo de tu camino. Quizá no esté bien que os atraquemos, pero necesitamos estos objetos para nuestros campamentos.

Tras esta charla me despedí de los guerrilleros, alcancé a los cinco europeos y allá al mediodía llegamos a Valencia, un pueblo sin militares, sin policías, sin empleados del gobierno y sin curas. Había fiestas, peleas de gallos, charlas políticas comunistas y multitud de guerrilleros con metralletas y granadas de mano. Tan pronto como nos vieron aparecer se acercaron a nuestro encuentro. Yo me adelanté, pregunté por Víctor y nos llevaron escoltados ante él.

Víctor era un joven idealista de veintiún años, un intelectual marxista-leninista que arengaba a los habitantes de Valencia. Era de Bucaramanga y provenía de una familia pudiente. Pero un buen día, a sus 15 años, la lectura de *El Capital* –de Karl Marx– le hizo dedicar su vida a la defensa de la causa de los pobres. En breves meses viajaría a Moscú invitado por el Partido Comunista colombiano para cursar estudios políticos.

Expliqué el encuentro con los tres guerrilleros en la República de Marquetalia, señalándole que todos éramos pacíficos obreros sin ideología política.

Víctor se dirigió a sus compañeros y exclamó en voz alta:

—¡Camaradas, son de los nuestros! ¡Proporcionadles alojamiento y comida y que después vengan a la fiesta a bailar y beber, quedan invitados!

Esa noche todo fue alegría y los guerrilleros nos prestaban a sus novias para bailar con frenesí, disparando sus revólveres al aire sin parar.

Al día siguiente los guerrilleros nos permitieron continuar el viaje hasta Popayán. Al llegar, los cinco extranjeros prosiguieron en autobús hacia Bogotá no sin antes darme las gracias, pues estaban convencidos de que, de no haber sido por mi intercesión en Valencia, probablemente habrían corrido otra suerte menos favorable.

Yo me dirigí en autobús hacia Ecuador.

Esa experiencia en Colombia fue una de las más inquietantes que viví en Sudamérica.

Inicio mi caminata a través de la jungla del Darién en dirección a Colombia.

Paisaje que recorrí a pie en la República de Marquetalia.

ESTADOS UNIDOS DE AMÉRICA

78 – Los indígenas del Pueblo de Taos

En la ciudad de Albuquerque abordé el famoso tren "Rail Runner Express" hasta Santa Fe, la capital del estado de Nuevo México. Durante un día admiré su centro histórico, donde constaté la influencia hispana, pues esa ciudad –la primera capital de estado de los Estados Unidos de América– fue fundada por los españoles a principios del siglo XVIII, lo cual se notaba en los nombres hispanos de las calles, en los edificios de clara arquitectura española y hasta en los monumentos de agradecimiento a los españoles por haber llevado a América caballos, vacas, cabras, cerdos, ovejas, gallinas y otros animales de granja.

Un día más tarde abordé un autobús hasta Taos, una población encantadora que parecía de cuento, donde vivían muchos artistas y artesanos. En su plaza central vi pinturas y murales representando el encuentro del salmantino Francisco Vázquez de Coronado con los indios, a los que consultó para localizar las "Siete Ciudades de Cíbola", más la mítica Quivira.

Tras dejar mi bolsa de viaje en un hostal, entré en la oficina de turismo para recabar sugerencias sobre los lugares más atractivos de los alrededores. Una empleada, hablando en claro español, me aconsejó no perderme el Pueblo de Taos, aldea a unos 2 kilómetros de distancia habitada por unos 1200 indios pueblo que hablan su propio idioma, el tañoano.

Caminé hasta "Taos Pueblo", como se le conoce en inglés. Llegué al cabo de una media hora y a la entrada un policía me regañó severamente por haber llegado a pie, lo cual está prohibido, algo que yo ignoraba. Me hizo comprar la entrada en una caseta, donde me exigieron adquirir un billete extra para poder tomar fotografías.

Empleé unas cuatro horas en recorrer todos los edificios y subir a las casas de adobe por las escaleras de madera. El edificio más espectacular era el denominado "rascacielos", que constaba de varias plantas de adobe. La iglesia católica fue otro de los edificios memorables que admiré de Pueblo de Taos.

Constaté que los habitantes, los indios pueblo, no rechazaban las ventajas de la civilización occidental, pues llegaban en motos caras o coches de lujo y sus casas de adobe disponían de electricidad, gas, agua corriente e internet. Todos los indios portaban teléfonos móviles; no encontré a ningún indio pobre o pidiendo limosna. Y nadie vestía con ropajes indios y plumas en la cabeza, sino que seguían la moda occidental.

Hablé gentilmente con dos indios pueblo y pronto llegué a la conclusión de que a los europeos no nos tienen mucho aprecio. Para ellos, los "rostros pálidos" (hombres blancos) somos todos iguales y no hacen distinción entre los occidentales venidos de Europa y los actuales estadounidenses; todos estamos en el mismo saco y no les interesamos, por ello los indios pueblo solo se relacionan entre sí.

Durante nuestra breve conversación les hice notar que yo provenía de España, país al otro lado del océano Atlántico y que los españoles habían erigido numerosas misiones en los actuales Estados Unidos de América, desde California a Texas, donde se albergaba a los indígenas para enseñarles técnicas de agricultura y de ganadería. Añadí que el famoso indio apache Gerónimo había nacido en el actual estado mexicano de Sonora, era católico y hablaba español.

Pero no se inmutaron por lo que les iba contando y prosiguieron hablando entre ellos en tañoano. En cierto momento, el más joven de los dos indios pueblo levantó los dos brazos e hizo el ademán de estar agarrando un rifle y disparar apretando un gatillo invisible, dándome a entender que todos los llegados a sus tierras mataban a los indios, indiferentemente de si provenían de España, de Inglaterra o de otro país europeo. La conversación acabó de manera expeditiva y se marcharon sin despedirse de mí.

Regresé muy inquieto a Taos –esa vez en autostop– y volví a entrar en la oficina de turismo para averiguar el porqué de esa actitud de los indios pueblo hacia un visitante educado, como yo lo fui. La empleada me informó de que los indios pueblo se suelen comportar del mismo modo resentido también hacia los propios estadounidenses. Me recordó que durante la segunda mitad del siglo XIX, cuando los estadounidenses conquistaron Nuevo México a los mexicanos, hubo una revuelta en Taos, en el transcurso de la cual los soldados estadounidenses entraron en la iglesia de Taos Pueblo, donde se habían refugiado los indios pueblo. Los soldados asesinaron en el interior de esa iglesia a unos 150 indios pueblo y capturaron a unos 400, la mayoría de los cuales serían ejecutados días más tarde.

Al día siguiente regresé satisfecho a Santa Fe por todo cuanto había visto y aprendido en Taos y Pueblo de Taos, pero el conocer la triste historia de los indios pueblo motivó que durante todo el trayecto experimentara una sensación de inquietud.

El "rascacielos" de Pueblo de Taos.

79 – La fosa de las Marianas y la isla de Tinián

Encontrándome en la isla de Guam determiné conocer las islas vecinas de Saipán, Tinián y Rota, pertenecientes a la "Mancomunidad de las Islas Marianas del Norte", un territorio no incorporado de los Estados Unidos de América.

Me alojé en el hotel Marianas Trench, en Chalan Kanoa, la capital de la isla de Tinián. Ese primer día lo dediqué a explorar diversos lugares turísticos de la isla, prestando especial atención a los vestigios de los españoles, como fueron las iglesias y murallas. Por la noche compré un billete de ida y vuelta en un ferri a la isla de Tinián con salida para el día siguiente.

Si hubiera ignorado que parte de la fosa de las Marianas se encuentra entre las islas de Saipán y Tinián, ese viaje en barco no lo habría encontrado nada especial, pero el saber que estaba navegando sobre esa fosa, de unos 11.000 metros de profundidad, hizo que durante la hora entera del trayecto no apartara la vista del mar y me sintiera infinitamente inquieto.

Muy cerca del embarcadero de la isla de Tinián se hallaba la "Taga House" (casa de Taga), uno de los tres símbolos de la Micronesia, junto a las islas Rocas –en Palaos– y las ruinas de Nan Madol en la isla de Pohnpei –en Estados Federados de Micronesia.

Esa casa de Taga consistía en varias piedras latte, como las que ya había visto en Agaña (Guam) y también en Tinián. Allí leí que Taga, según la mitología de los chamorros, fue un jefe que vivió en esa isla en tiempos prehistóricos y construyó su casa con esas piedras latte como columnas. Hay quienes denominan ese sitio el "Stonehenge del Pacífico", pero yo encontré la comparación demasiado exagerada.

Tras esa visita entré en el poblado de San José y después de almorzar me dirigí en autostop al norte de la isla, hasta que llegué a un lugar siniestramente célebre: la pista desde donde despegó el 6 de agosto del año 1945 el avión Enola Gay para lanzar una bomba atómica sobre la ciudad japonesa de Hiroshima. Tres días más tarde haría lo mismo desde esa misma pista el avión Bockscar dirigiéndose a la ciudad de Nagasaki. Había dos monumentos con placas donde se explicaban esos dos infames acontecimientos.

La vista de esa pista y los monumentos me inquietó todavía más que la navegación sobre las aguas de la fosa de las Marianas.

Cuando se aproximó la hora de la salida de mi barco regresé a Saipán y al día siguiente abordé un avión a la isla de Rota.

El monumento y la pista
de la isla de Tainán desde
donde despegaron los dos
aviones para bombardear
Hiroshima y Nagasaki.

Poso ante un letrero de
bienvenida en
la isla de Wake.

Me encuentro rodeado de
albatros en la isla de Midway.

80 – Wake, el Álamo del Pacífico

Viajando por Siberia durante el verano del año 2009 varios viajeros me informaron de que el 11 de diciembre de ese año volaría
un avión desde la isla de Guam al atolón de Wake, fletado por la
agencia estadounidense Military Historical Tours, de Woodbridge,

Virginia, dependiente del Pentágono. Los pasajeros del avión pasarían doce horas en ese atolón donde unos guías les explicarían su historia. Al anochecer regresarían en avión a Guam. El importe de ese vuelo, más traslados al aeropuerto de Guam y las comidas, salía por unos 1200 dólares americanos.

Me interesaba enormemente esa visita por dos razones: desde que en el año 1991 visitara la Bahía Estrella, en la isla de Santa Isabel –Islas Salomón–, donde desembarcó el navegante leonés Álvaro de Mendaña en el año 1568 (a quien semanas más tarde le erigiera un monumento en la isla de Nendo, en el archipiélago de Santa Cruz, donde murió), me había interesado por su historia. Por ello sabía que la isla de Wake fue descubierta por él en ese mismo año de 1568 durante su regreso a Nueva Galicia (México) desde Manila. La bautizó San Francisco. Pero como los españoles no encontraron agua en la isla, ni tampoco comida, salvo los cocoteros, el Gobierno de España nunca se preocuparía por habitarla o dejar un destacamento estable de gente.

Doscientos treinta años más tarde los ingleses la redescubrieron y la rebautizaron como Wake.

La isla de Wake perteneció a España hasta 1898, cuando la perdió ante Estados Unidos –junto a Guam, Cuba, Puerto Rico y las Islas Filipinas– tras la guerra que declararon a España con la excusa de la explosión del buque acorazado Maine en Cuba.

La segunda razón era que, tras 21 años de estar cerrada a toda persona ajena al Ejército estadounidense, súbitamente esa isla se abría al turismo, pero solo por un día. Por ello acudiría la *crème de la crème* de los viajeros del mundo, ya que constaba como territorio en las listas de varios clubes que agrupaban viajeros. Wake sería, me aseguraron, un "Woodstock viajero", la mayor concentración de viajeros consumados en la historia de la humanidad.

¡No me lo podía perder!

Rápidamente me puse en contacto con Military Historical Tours y me inscribí en ese viaje.

Al llegar a la isla de Guam el 11 de diciembre todos los viajeros registrados fuimos invitados a una cena de gala como bienvenida. Se conmemoraba el 68 aniversario del inicio de la Batalla de Wake. Llegaron almirantes, generales y coroneles, así como supervivientes de la citada batalla. También estuvo presente el gobernador de Guam. Hubo una ceremonia y se entonó el himno de los Estados Unidos. Todo el mundo se puso de pie.

El día 11 de diciembre de 1941 los japoneses atacaron Wake y dos semanas más tarde la invadieron. Los soldados americanos mostraron una defensa tan a ultranza que por ello a la isla de Wake se la denomina desde entonces "El Álamo del Pacífico". Fue la primera vez que marines americanos se rendían a un enemigo. Entre las bajas hubo diez chamorros, como son llamados los nativos de Guam. Los supervivientes, unos 70 soldados americanos, fueron enviados a campos de concentración en China, donde permanecerían hasta el final de la Segunda Guerra Mundial, mientras que los demás prisioneros, 98 civiles, fueron forzados a construir búnkeres en la isla de Wake para los japoneses, hasta que en 1943 fueron ejecutados cruelmente.

La madrugada del día 12 de diciembre embarcamos con destino a Wake, que dista de Guam unos 2500 kilómetros. A bordo había 141 personas, de las cuales 97 eran viajeros. El resto lo componían veteranos de la guerra, algunos militares y un superviviente chamorro de 90 años de edad.

Había tantos viajeros asombrosos en ese viaje a Wake que era imposible cruzar siquiera unas palabras con todos, así que tuve que conformarme con los que me tropezara al azar.

Al aterrizar en Wake varios viajeros se emocionaron y se apresuraron a besar el suelo. Estaban jubilosos, exultantes. Habían estado esperando ese momento 21 años. Wake representaba para ellos el último territorio de las listas de sus clubes; para ellos Wake era el Santo Grial y no cabían en su alborozo.

Yo también me emocioné, pero sobre todo me sentí inquieto por estar convencido de que, tras Álvaro de Mendaña, yo era el siguiente español, en 5 siglos y medio, en no solo avistar esa isla, sino incluso pisarla.

En el aeropuerto nos estamparon un sello de la isla de Wake en el pasaporte. Allí había un pequeño pero curioso museo, una oficina de Correos y una tienda donde se vendían recuerdos de la isla, como camisetas con el mapa de Wake donde aparecía junto a otras dos islas vecinas: Wilkes y Peale. Uno de los vendedores era un soldado de Puerto Rico y hablaba el español. Haciendo uso de la familiaridad

que otorga hablar la misma lengua materna, le pregunté confiden-
cialmente si en Wake se albergaban misiles. Y él me contó que uno
de los principales objetivos de la base de Wake es controlar los
barcos que entran y salen de Corea del Norte para verificar si trans-
portan cargamento militar.

Observé que por toda la isla los letreros estaban en inglés y en
tailandés, pues los trabajos de mantenimiento y limpieza de la isla
corrían a cargo de inmigrantes tailandeses. El total de la población
de la isla, incluidos soldados y obreros, ascendía a unas 300 personas.

La isla era tropical, virgen, insólita, bella. Nos proporcionaron
dos autobuses para explorar los apenas 5 kilómetros cuadrados de
su superficie y visitamos junto a un guía los lugares más históricos
de ella, como la playa de la Invasión, la capilla, o una roca donde
uno de los 98 prisioneros ejecutados por los japoneses en 1943 tuvo
tiempo de grabar "98 US PW 5-10-43" antes de morir. Y finalmente descansamos en el único bar de la isla, el legendario Drifter's
Reef, donde nos servirían un almuerzo. Las cervezas solo costaban
2 dólares americanos y los camareros eran tailandeses.

La visita fue didáctica e inquietante, pero me decepcionó que
allí nada recordara a Álvaro de Mendaña, el descubridor de Wake,
ni al nombre original de la isla: San Francisco.

Por la tarde hubo una ceremonia para conmemorar el 68 aniversario de la invasión japonesa.

Por la noche volamos de regreso a Guam. Había sido un día
maravilloso en todos los sentidos.

****

81 – La Batalla de Midway y los millones de albatros

En el aeropuerto de Honolulu abordé un avión con destino a la isla
de Midway fletado por la agencia estadounidense Military Historical Tours, de Woodbridge, Virginia, dependiente del Pentágono.

A bordo del avión noté la presencia de un numeroso grupo de japoneses de edad muy avanzada. Habían sido invitados por el gobierno de los Estados Unidos para conmemorar la Batalla de Midway, desarrollada en el año 1942. De ella saldrían vencedores los estadounidenses. A partir de entonces Japón comenzaría a llevar la peor parte en la guerra, sufriendo derrota tras derrota, hasta su rendición final.

Dentro del avión reconocí a varios viajeros con los que había viajado a la isla de Wake unos meses atrás.

Aterrizamos en el atolón de Midway sobre el mediodía. El panorama que teníamos delante de nosotros era prodigioso: allí había centenares de miles de albatros -algunos afirmaban que más de un millón- y los había de diferentes especies. Campaban a sus anchas sin temer al hombre.

Por un mapa en la base militar noté que Midway es el nombre del atolón, el cual se compone de 3 islas llamadas Sand, Easter y Spit. Nosotros nos encontrábamos en la isla Sand, la más grande, de unos 5,5 kilómetros cuadrados de superficie.

Además de albatros, el atolón Midway también alberga tortugas, focas y numerosos pájaros, por ello la organización UNESCO lo incluye –junto a otros atolones– en el llamado "Monumento nacional marino de Papahanaumokuakea", que en lengua hawaiana es el nombre de la diosa que creó las islas del archipiélago Hawái.

Asistimos a una ceremonia oficial muy conmovedora en la que participaron militares americanos y veteranos de guerra japoneses. Todos intercambiaron bonitas frases e hicieron votos para que entre Estados Unidos y Japón siempre hubiera paz y amistad.

Esa ceremonia me inquietó, pues encontré a los veteranos de guerra japoneses demasiado dóciles ante los militares estadounidenses. Incluso noté sumisión en su actitud servil al oír el himno de los Estados Unidos.

Recordaba que Japón sufrió el lanzamiento de dos bombas atómicas en sus ciudades de Hiroshima y Nagasaki por primera vez en la historia de la humanidad, perdiendo muchos centenares de miles de ciudadanos y con millones de supervivientes que sufrieron quemaduras por los efectos de la radiación. Además, al acabar la Segunda Guerra Mundial los japoneses fueron humillados al ser forzados a permitir que el Ejército de los Estados Unidos instalara en su territorio numerosas bases militares con decenas de miles de soldados.

Esa actitud japonesa se puede comparar a la de un "mankurt", un término popularizado en una novela del escritor kirguís Chinguiz Aitmátov que es muy utilizado en Turquía y en los países de Asia Central para definir a un esclavo irreflexivo, sin voluntad, un sirviente que obedece al amo que lo ha subyugado.

Recuerdo que el primer orador, mirando hacia los albatros que se paseaban por doquier con toda impunidad, incluso debajo del pupitre desde donde iba a intervenir, exclamó:

—Es la primera vez en mi vida que voy a hablar ante un público tan numeroso.

Tras un pequeño refrigerio a base de bocadillos y bollos de nata, unos guías nos propusieron visitar a pie los lugares más históricos de la isla, pero al rato me aburrí y abandoné mi grupo para explorar el atolón por mi cuenta.

El atolón Midway fue descubierto por un barco ballenero estadounidense a mediados del siglo XIX. Lo habitan unas setenta personas, entre las cuales muchas eran voluntarios que se habían ofrecido para estudiar y cuidar a los albatros.

Sus playas son hermosas; era un paraíso vivir allí como un voluntario.

Caminé hacia un restaurante llamado Captain Brooks Tavern, a orillas de la playa, donde nos sería servida una comida excelente, estilo buffet libre, en medio de una atmósfera acogedora.

Por la noche nuestro avión regresó a Honolulu.

MÉXICO

82 – El dios Chac Mool de Chichén Itzá

En la ciudad de Mérida tomé un autobús a los vestigios arqueológicos de Chichén Itzá. Iba acompañado de una viajera canadiense.

El complejo de Chichén Itzá era enorme, pero disponíamos del día entero para recorrerlo bien. Lo primero que nos causó admiración fue advertir la buena preservación del templo principal, el dedicado al dios maya Kukulcán, que significa "serpiente emplumada" (aunque los exploradores españoles del siglo XVI llamaron a ese templo piramidal "El Castillo").

Pero aparte de ese templo que, obviamente, era el atractivo principal del sitio, también visitamos otros, si bien no tan espectaculares. El templo de los Guerreros y el de los Jaguares también nos dejaron intrigados, al igual que El Caracol –el observatorio astronómico–. Había un juego de pelota maya y notamos cabezas de serpientes emplumadas esculpidas en las piedras. La decoración de los templos era otro de los atractivos, así como las alusiones a las serpientes, a las águilas y a los jaguares.

Pero la estatua de piedra que nos dejó más huella sería la dedicada a Chac Mool, el dios maya de las lluvias, aunque también se relaciona con la cultura de los toltecas. Tanto me atrajo la estatua de ese dios que le pedí a mi compañera que me tomara una foto subido en ella. Al rato, un guía mexicano se acercó y nos explicó que ese dios era sanguinario y en la bandeja sobre su vientre que ase con sus manos se depositaban ofrendas, tales como corazones de doncellas vírgenes, a las cuales sacrificaban y con sus cadáveres se cometían actos de canibalismo.

Mientras el guía nos narraba esa historia dejé de encontrar "simpático" ese dios, experimenté una gran inquietud y me bajé de la estatua mediante un salto felino.

Poco después observamos en el territorio del complejo un cenote al que se lanzaban los cadáveres de los seres humanos sacrificados, como niñas, esclavos, gladiadores derrotados o guerreros capturados a tribus enemigas para satisfacer a Chac Mool, ese dios tan insaciable de sangre humana cuyo nombre, en la variante yucateca de la lengua maya, significa "gran jaguar rojo".

Cuando comenzó a oscurecer regresamos a Mérida para presenciar las jotas aragonesas en la plaza de Armas, espectáculo que nos hizo olvidar las aberraciones atroces que los mayas cometieron en Chichén Itzá.

Subido a la escultura del dios
Chac Mool en Chichén Itzá.

Monumento del "Pípila"
en Guanajuato.

Escultura ecuestre
de Juan de Oñate,
en El Paso.

83 – Ciudad Juárez, la ciudad más peligrosa de México

Para descubrir los pasos de los españoles en el actual país de Estados Unidos Mexicanos juzgué que sería una buena iniciativa cruzarlo completamente siguiendo una ruta histórica llamada Camino Real de Tierra Adentro, cuyo precursor fue el conocido como "el último conquistador": Juan de Oñate, novohispano nacido en Zacatecas, de origen vasco.

Mi proyecto consistía en recorrer los estados de Chihuahua, Durango, Zacatecas, Aguascalientes, San Luis Potosí, Guanajuato y Querétaro hasta alcanzar Ciudad de México. Y para proseguir mi viaje hacia Guatemala debería atravesar aún los estados mexicanos de Tlaxcala, Puebla, Veracruz, Campeche, Yucatán y Quintana Roo.

Juan de Oñate emprendió su expedición en el año 1598 y cruzó el río Bravo –conocido como río Grande en EE.UU.– desde Ciudad Juárez a El Paso.

Yo acometí ese camino en sentido inverso, desde El Paso –en el estado de Texas–, ciudad estadounidense en la que me interesé por la historia de Juan de Oñate. Entré en la oficina de turismo y me informaron de que una estatua ecuestre dedicada a él se ubicaba en la entrada al aeropuerto de la ciudad, así que inmediato abordé un autobús y me dirigía hacia allí.

Cuando llegué, me quedé asombrado al situarme frente una colosal escultura de bronce de 11 metros de altura y 17 toneladas de peso. Una placa daba las gracias a don Juan de Oñate por haber contribuido al desarrollo de Texas.

Permanecí más de dos horas admirando esa extraordinaria estatua que exhalaba gran poderío. Era una verdadera obra de arte. La expresión de Juan de Oñate y el caballo andaluz te hechizaban, parecían estar vivos.

Regresé al centro de El Paso, me dirigí a pie a la frontera y crucé el río Bravo. Una vez en Ciudad Juárez me sorprendí al ver a los militares mexicanos armados hasta los dientes, con sus rifles en posición de alerta, como si fuera a producirse un tiroteo de un momento a otro. Ello me inquietó poderosamente.

En viajes anteriores ya había atravesado varias fronteras mexicano/estadounidenses, como fueron las de Tijuana con San Diego, Mexicali

con Calexico, Nuevo Laredo con Laredo y Matamoros con Browns-
ville. Pero en ninguno de esos cruces sentí tanto peligro y me inquieté
tan profundamente como en el de El Paso con Ciudad Juárez.

En El Paso me habían advertido de que Ciudad Juárez era el
lugar más violento no solo de México, sino del mundo, donde cada
año se producen miles de asesinatos entre las bandas dedicadas al
contrabando y entre esas bandas con la Policía y los militares, además de crímenes callejeros y secuestros de ciudadanos para exigir
dinero por su liberación.

Pagué un impuesto turístico y caminé rápido hacia el centro
para conocer lo básico, como fue la catedral, las calles principales
y una estatua en honor al fraile sevillano García de San Francisco,
fundador tanto de Ciudad Juárez como de El Paso.

Cuando empezaba a oscurecer cogí un autobús a la ciudad de
Chihuahua, donde pasaría esa noche. A bordo seguía sintiendo una
gran inquietud.

****

84 – La Alhóndiga de Granaditas de Guanajuato

Durante mi primer viaje por Guanajuato, en el año 1984, pasé 3
días explorando la ciudad. Además de las famosas momias visité un
museo de dos plantas dedicado a don Quijote de la Mancha. También me recreé entrando en la catedral e iglesias varias y disfruté de
su atmosfera festiva y sus puestos nocturnos de comida. El cuarto
día proseguí satisfecho mi viaje hacia otras ciudades mexicanas.

Regresé a Guanajuato en 2015 y me detuve de nuevo, esta vez
por solo 24 horas. Iba siguiendo los pasos del Camino Real de Tierra Adentro que comenzaba en la capital de México y concluía en
Nuevo México –Estados Unidos de América–, deteniéndome en las
ciudades que lo comprendían, como Chihuahua, Durango, Zacatecas, Aguascalientes, San Luis Potosí, etc.

Esta segunda visita a la ciudad de Guanajuato me dejaría muy inquieto y trastocaría los sentimientos cariñosos que experimenté en ella en 1984.

En la entrada a la ciudad leí un letrero:

—"Guanajuato Patrimonio de la Humanidad. Capital Cervantina".

Supe entonces que en el año 1988 la organización UNESCO había incluido Guanajuato entre los patrimonios mundiales.

Fiel a mi plan de viaje, pregunté a los nativos por las huellas del Camino Real de Tierra Adentro y me señalaron unos cerros en el sur de la ciudad. Subí en un funicular a lo alto de la colina que me mostraron y allí observé que se encontraban unas minas de plata y una antigua ruta que debió ser la utilizada por las caravanas.

Iba a descender al centro cuando observé allá en lo alto una enorme estatua de piedra que no advertí en mi viaje anterior. Caminé hacia ella y descubrí que estaba dedicada a "Pípila", un obrero barretero en las minas de Guanajuato. El apodo "pípila", que significa "guajolote" –un pavo doméstico–, lo había adquirido por su aspecto físico.

El tal Pípila hizo explosionar en el año 1810, durante la guerra por la independencia de México –de 1810 a 1821–, la puerta de entrada a la Alhóndiga de Granaditas, donde se refugiaban los españoles. Una vez que los insurgentes lograron penetrar en la alhóndiga y, a pesar de que sus moradores mostraron la bandera blanca en señal de rendición, masacraron a todos los españoles, tanto hombres como mujeres, ancianos, niños y bebés de pecho. Fue una carnicería, una matanza bestial.

Al conocer ese hecho –que ignoraba durante mi primer viaje– me sentí muy inquieto y me preguntaba: ¿había necesidad de asesinar también a las mujeres, a los niños y a los bebés de pecho?

Descendí por el funicular afligido, con el corazón contrito. Esa noche apenas cené y de madrugada abandoné Guanajuato.

PARAGUAY

85 – La misiones jesuíticas y los *bandeirantes* brasileños

En la ciudad boliviana de Santa Cruz de la Sierra abordé un autobús a través del Gran Chaco, llegando 40 horas más tarde a Asun-
ción, la capital de Paraguay.

Tenía un objetivo: visitar las 3 misiones jesuíticas de La Santísima Trinidad del Paraná, Jesús de Tavarangüe y, finalmente, San
Cosme y San Damián.

En un largo día, desde la ciudad paraguaya de Encarnación, me
dio tiempo a visitar dos misiones jesuíticas, a cuál más interesante y
fascinante: La Santísima Trinidad del Paraná y Jesús de Tavarangüe.

En La Santísima Trinidad del Paraná me maravillé del buen estado de preservación de algunas estructuras, mientras que en Jesús
de Tavarangüe una joven guía se ofreció para explicarme el lugar
durante más de una hora, primero dentro del museo y después en
el exterior, señalándome el elemento mudéjar de la arquitectura y el
simbolismo de sus relieves.

Los indígenas guaraníes aprendían en esas misiones música, astronomía y tres lenguas (guaraní, español y latín).

Pero lo más impactante que me explicaron y lo que provocó en
mí un sentimiento de inquietud fue la historia relacionada con esas
dos misiones, en concreto en los tiempos de los siniestros paulistas
–o *bandeirantes*–, que eran esclavistas portugueses que desde Brasil se internaban en Paraguay para capturar indios guaraníes para
esclavizarlos y venderlos, ya que, mientras que en los territorios españoles la esclavitud de los nativos estaba prohibida –por ser los
indios ciudadanos españoles–, en Brasil –gobernado por Portugal–
sí que era legal esclavizar a los indígenas.

Me contaron historias espeluznantes sobre los crímenes de los *bandeirantes* en esas dos misiones y debido a ello me marché apenado e inquieto.

La tercera misión, la de San Cosme y San Damián, quedaba muy alejada de Encarnación, por lo que para llegar a ella tuve que tomar un autobús y practicar el autostop. En su interior me asignaron tres guías: uno me familiarizó con la misión en general; otro me mostró las maravillosas tallas de madera de la iglesia; el tercero era un profesor de astronomía que me explicó el funcionamiento del reloj de sol y me dio clases magistrales de su ciencia una noche estrellada en su observatorio astronómico dentro de la misión.

No tuve tiempo de regresar ese día a Encarnación, por lo que pasé la noche en una posada de San Cosme y Damián, junto al observatorio astronómico, cenando una deliciosa sopa de pescado al estilo paraguayo. El sentimiento de inquietud que había experimentado por la mañana en las dos primeras misiones ya había desaparecido.

Me hallo en la entrada a la misión jesuítica
de Jesús de Tavarangüé.

PERÚ

86 – La población sin ley de Sion a orillas del río Huallaga

Viajando desde la ciudad de Chachapoyas en dirección a Lima tenía dos opciones: regresar a la costa del océano Atlántico o tomar el camino de la selva que bordea el caudaloso río Huallaga atravesando poblaciones como Moyobamba, Tarapoto, Juanjui, Tocache, Tingo María, Jauja y Huancayo.

Elegí la segunda variante por encontrarla mucho más aventurera, además de que me quedaba poco dinero tras haber estado viajando durante cinco meses por Sudamérica y pensé que esa ruta sería más económica.

El primer día llegué a Moyabamba, ya en plena selva, en el estado de San Martín. El segundo día arribé a Tarapoto, donde me ofrecí en un mercado para vender bananas y así sufragar mis gastos de comida y alojamiento para esa noche.

Y al tercer día alcancé Juanjuí, una ciudad sorprendente que encontré muy rica, pues por sus calles circulaban grandes motos japonesas y en sus lujosas joyerías ofrecían relojes, pulseras y collares de oro y diamantes. Allí me enteré de que entre Juanjuí y Tingo María existía el paso más importante de tráfico de tóxicos del Perú, constituyendo su centro la aldea de Sion –en el departamento de San Martín–, adonde no se podía llegar por carretera, sino únicamente por lancha navegando a través del río Huallaga.

Me encontraba en un buen lío. El pasaje a Tingo María en camioneta resultaba muy caro y no había camiones ese día debido a que el camino era muy estrecho, lleno de socavones y con frecuentes derrumbamientos de tierra.

Me senté en un banco para pensar y al cabo de un rato decidí dirigirme al río a probar si podría al menos llegar gratuitamente en lancha a Tocache, a mitad de camino entre Juanjuí y Tingo María, ofreciéndome como cargador de mercancías.

Tuve mucha suerte, pues el dueño de una lancha aceptó llevarme a Sion a cambio de cargar cajas de cervezas. Confieso que me emocionaba la idea de penetrar en ese lugar para experimentar la vida en un pueblo sin ley, con el objetivo de estudiar el comportamiento humano en condiciones extraordinarias.

Ese viaje en lancha por el río Huallaga duró siete horas y significó uno de los trayectos fluviales más emocionantes que recuerdo en Perú. No solo atravesamos hermosos parajes montañosos llenos de exuberante vegetación, sino que había innumerables cascadas que el diestro motorista esquivaba. Sin cesar éramos sobrevolados por pequeñas garzas de pico azul y pericos verdes. Al llegar a Campanilla nos detuvo un control de la Guardia Republicana para registrar la lancha. Tenían orden de mirar, pero de no ver nada.

A bordo, los pasajeros conversaban sobre sus negocios: el precio actual del kilo de la pasta básica de coca, la producción por hectárea en las chacras (alquería), el sueldo de los empleados que cultivaban la coca, etc.

Poco después cruzamos el espectacular desfiladero de Cayumba con sus peligrosos rápidos, donde con mucha frecuencia las lanchas se vuelcan y perece la mayoría de los pasajeros.

Al aproximarse la lancha a Sion me apercibí de que nos estaban observando con prismáticos. Cuando atracamos en el embarcadero, donde se encontraban unas cuarenta lanchas más, de inmediato se acercó un muchacho preguntándome:

—¿Traes merca?

Era un comisionista, y se refería a la pasta básica de coca, también llamada PBC, pues de todas las chacras de los alrededores la llevan a Sion para su venta y exportación a Colombia en vuelos ilegales.

Al mismo tiempo llegaron dos muchachos armados para interrogarme: eran los denominados piquetes –guardianes del orden–, que querían saber acerca de mí. Tomaron mi pasaporte y lo entregaron a Catuco, el jefe de seguridad, quien me interpeló.

Le expliqué que estaba de paso, me hallaba con escaso dinero y pretendía proseguir mi viaje a Tocache.

Toda la gente de alrededor se interesaba por mí por lo insólito de ver a un español con poco dinero, con buenos modales y una pequeña bolsa por todo equipaje, que viajaba a la aventura por Sudamérica y se internaba en el centro de la zona roja de Perú: Sion.

Pronto se disiparon las sospechas de que pudiera ser un agente de la PIP –Policía de Investigación Peruana.

Catuco me propuso:

—Te podemos conseguir una lancha gratis a Tocache ahorita, pero si lo deseas te puedes quedar un tiempo en Sion a trabajar. Aquí necesitamos gente joven.

Hice como si me lo pensara, pero deseaba con todas mis fuerzas vivir allí un tiempo.

¡Contesté que me quedaba!

Sion era un pueblo sin policías, sin militares, sin curas y sin empleados del Gobierno. Allí nadie pagaba impuestos. La calle central tendría una longitud de unos 500 metros y por ella circulaban motocicletas japonesas de gran valor. Había un sastre, un dentista, un negocio de jugos de frutas, dos discotecas, tres hoteles, muchos restaurantes y pequeños puestos callejeros de guarapo -una bebida fermentada de la caña de azúcar.

El segundo día me propusieron cinco trabajos diferentes. Cuatro de ellos los rechacé al estar relacionados con el tráfico de estupefacientes y el contacto con los pilotos colombianos de las avionetas que aterrizaban a diario para llevarse en cada vuelo varios centenares de kilos de PBC. El quinto trabajo lo acepté y consistió en desempeñarme como guardián en la puerta de entrada de una discoteca nocturna, aunque el nombre de "discoteca" era una tapadera ya que, en realidad, se trataba de una casa de lenocinio.

Varias semanas trabajé allí. Había noches en las que acababa el trabajo hacia las 2 de la madrugada, pero los fines de semana me acostaba al amanecer. Antes de irme a dormir tenía que devolver al dueño de la "discoteca" un revólver calibre 38 y un rifle.

Realmente me encantaba ese trabajo para observar bien de cerca la debilidad humana; era como una clase práctica de psicología.

Durante todo el tiempo que viví en Sion sentí una tremenda inquietud, día y noche, la cual no me desaparecería hasta que abandoné ese lugar y alcancé Tingo María.

Cargaba conmigo tal cantidad de soles ganados en el trabajo que durante los 4 meses siguientes de viaje me despreocupé de la economía.

Una lancha de Sion a orillas del río Huallaga.

El centro de Puerto Maldonado,
en Madre de Dios.

87 – Los buscadores de oro en el río Madre de Dios

Viajé en autobús desde Cusco a Urcos, donde trepé a lo alto de un camión que, tras 3 días de viaje sinuoso, me depositó en Puerto Maldonado, a orillas del río Madre de Dios.

Pronto noté que allí mucha gente se dedicaba a la búsqueda del oro. En el puerto fluvial siempre había barqueros que solicitaban ayudantes para trabajar en campamentos donde se extraía ese preciado metal, o en el interior de la jungla para cortar madera de cedro y caoba, o bien para recoger la castaña peruana, también conocida como "coquito del Brasil".

Aunque no tenía ningún apuro económico tras haber trabajado un tiempo en la aldea de Sion -en el departamento de San Martín-, me tentó experimentar la vida en un campamento de buscadores de oro durante unas semanas, más bien por observar el comportamiento social de los obreros que por ganar dinero.

A la mañana siguiente me acerqué al puerto y un barquero gritó cerca de mí:

—¡Necesito un pata para chambear al toque en Colorado!

—¿Cuánto pagan? –pregunté.

—¡Treinta lucas al día, más el transporte, alojamiento y comidas; el domingo libre!

—¡Quiero cuarenta lucas al día! –contesté.

—¡Chévere, pero sube rápido que nos vamos!

En Perú, "pata" quiere decir amigo; "chambear" significa trabajar; una "luca" corresponde a 1000 soles.

En la lancha íbamos unas veinticinco personas, incluyendo los bebés de pecho.

Al llegar al lavadero de oro, a orillas del río Colorado, me acoplaron a un grupo formado por don José —el patrón—, el señor Aparicio, Barrabás, el Negrito Sambo, el Doctor Chara, el Chino Evaristo y una cocinera de Puno que solo hablaba aimara. Todos eran seres singulares con una vida pasada intrigante y novelesca.

Me asignaron la labor de "cascajeador" y para ello me entregaron una paleta que agarraba con mi mano derecha y con ella apartaba el cascajo, es decir, las piedras y los guijarros.

El horario de trabajo era de las 07.00 a las 12.00 y de las 13.00 a las 16.00. La comida era muy abundante; tres veces al día servían un gran plato conteniendo arroz, papas japonesas, verdura, tallarines y pescado o carne. El Chino Evaristo era el cazador y pescador que cada mañana salía con su escopeta y caña con los anzuelos y cebos para proveernos de comida. Solía traer monos, un pescado de 2 metros de largo llamado zungaro, armadillos, comadrejas, nutrias, osos hormigueros, más unas grandes tortugas de río llamadas charapas.

El peor inconveniente de ese trabajo no era la dureza del mismo, ni el calor tropical que te quemaba la piel, ni pasar 8 horas hundido en el barro hasta las rodillas. No. Lo peor eran las nubes de mosquitos que te llenaban todo el cuerpo de picazones y bultos rojos mientras trabajábamos y al dormir en nuestras hamacas colgadas entre dos árboles.

La mayoría de mis compañeros había firmado un "noventa" –90 días– en ese trabajo, pero yo me despedí a los 15 días pues estimé que ese tiempo había sido suficiente para hacer observaciones sobre el comportamiento y debilidades humanas del personal de ese lavadero de oro, compuesto por unos 80 obreros. Entre ellos conocí verdaderos aventureros, pero también había desertores del Ejército, fugados de la Justicia, rateros de ciudad, malandrines varios y granujas de medio pelo.

Durante esos 15 días no dejé ni siquiera un momento de sentirme inquieto.

El último día me pagaron con gramos de oro, me despedí de mis compañeros y abordé una lancha por el río Madre de Dios. Me tomó 6 días alcanzar la ciudadela inca de Machu Picchu surcando ríos en lancha-stop y atravesando el parque nacional del Manu.

OCEANÍA

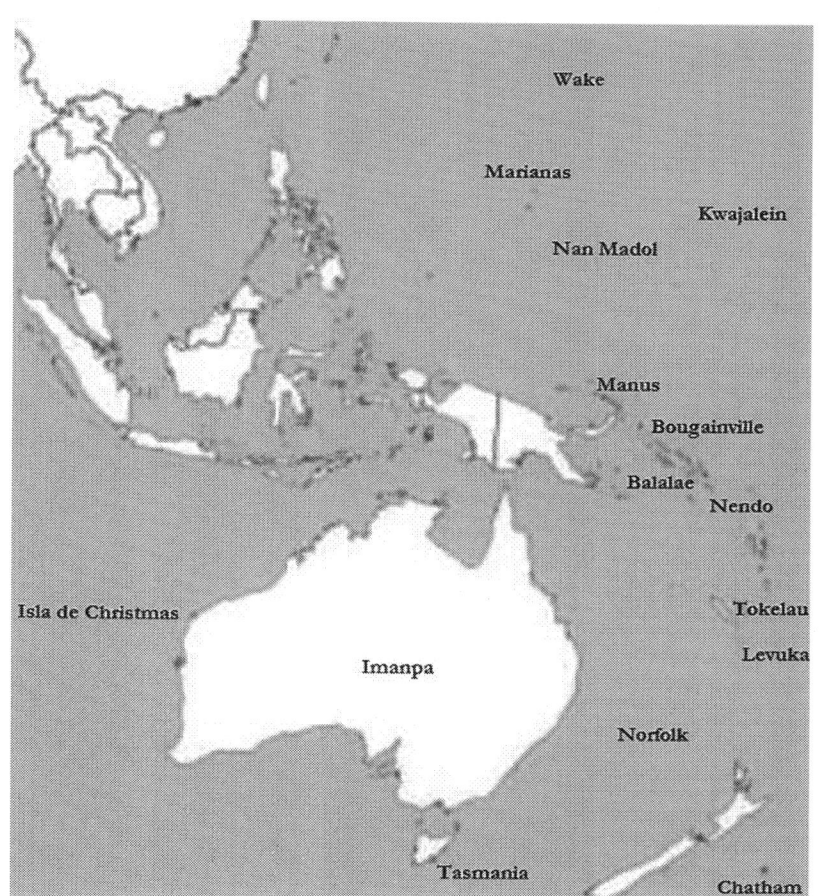

AUSTRALIA

88 – El Museo Australiano de Sídney

Cuando llegué a la ciudad de Sídney, a los pocos días ya estaba empleado como ayudante de cocinero en un restaurante en Bondi Beach, a pocos kilómetros de distancia. Como muchos viajeros jóvenes de entonces, yo también recalé en Australia para encontrar un trabajo con el que financiar mis viajes.

Meses más tarde, una vez que reuní el dinero suficiente para poder viajar a los Estados Unidos de América y completar mi vuelta al mundo, resolví recorrer Australia durante unas semanas deteniéndome en los lugares turísticos más atractivos, como son la "Gold Coast" (Costa de Oro), la Gran Barrera de Coral y la famosa peña de Ayers Rock (dentro del parque nacional Uluru-Kata Tjuta), además de las ciudades de Adelaida, Melbourne y Canberra.

Todo lo que visité fue bello; estaba maravillado. Sin embargo, hubo un incidente que trastocaría mis sentimientos y me causaría una gran inquietud durante mi viaje de regreso a Sídney. Ocurrió cuando abordé un autobús de Alice Springs –cerca de la roca Uluru– a Adelaida, pero en vez de dirigirse directamente hacia su destino, el autobús realizó a las pocas horas un desvío inesperado hacia un poblado para depositar a varias niñas aborígenes que viajaban a bordo. El lugar se llamaba "Angas downs indigenous protected area".

Durante esa parada, que duraría aproximadamente una hora, tuve la oportunidad de comprobar in situ las deplorables condiciones de existencia de los aborígenes de Australia. Los que no viven encerrados en reservas por los alrededores de Darwin sobreviven en esos poblados en medio del desierto con algo de pastoreo y el dinero que perciben del Gobierno australiano. Vi abúlicos a la mayoría de los adultos, algunos de los cuales estaban medio borrachos, pues el dinero del subsidio se lo gastan en güisqui. Los noté sin amor propio, miembros de una etnia cuya dignidad ha sido tan maltratada que ya no quieren seguir existiendo. Durante esa hora me contaron historias tan tristes sobre esos aborígenes de Australia que al oírlas me inquietaron todavía más y me entraron ganas de llorar.

Justo por esos días de mi estancia el tema de los aborígenes australianos había sido noticia internacional, cuando varios de ellos se instalaron frente al edificio del Parlamento Australiano en Canberra con una barraca compuesta por cuatro tablas de madera para protestar por su lamentable nivel de vida y colgaron el letrero: ABORIGINAL CONSULATE, lo que llamó la atención de los periodistas extranjeros acreditados en Australia, que difundieron la noticia por todo el planeta.

Cuando regresé a Sídney lo primero que hice fue visitar el Museo Australiano (Australian Museum), justo al lado del famoso Hyde Park, para conocer un poco mejor la suerte de los aborígenes. Había allí un apartado dedicado al arte aborigen, que me gustó por lo original de los objetos y dibujos expuestos. Pero al fijarme en unas fotos en blanco y negro sentí mucha aflicción. En una de ellas se veían siete aborígenes descalzos encadenados por el cuello y por las muñecas, como si fueran animales; los siete iban descalzos y sus miradas de resignación me produjeron piedad.

También me fijé en un apartado que llevaba por título: "Stolen Generations, o Stolen Children" (Generaciones Robadas, o Niños Robados), donde se detallaba el período comprendido entre los años 1869 y 1976, en el que secuestraron a todos los niños aborígenes para adoctrinarlos según la cultura inglesa. Una vez arrebatados esos niños a sus familiares, se les internaba en centros gubernamentales y hasta en familias inglesas, para hacer que pensaran como blancos. Se calcula que se secuestraron unos 100.000 niños en esos aciagos 107 años que duró el experimento. El resultado fue que, además del dolor de los padres, hubo infinidad de malos tratos psicológicos infligidos a esos niños, palizas y abusos sexuales. Algunos niños se escapaban de las escuelas residenciales y se suicidaban, o se drogaban, o delinquían y a los pocos días entraban en prisiones de menores. Fue un verdadero fracaso, una verdadera ignominia que duró más de cien años. El que no caía ni en el suicidio ni en las drogas o la delincuencia, llegaba a casa de sus padres como un zombi; ya no se adaptaba a la vida aborigen, ni tampoco servía para adoptar la vida de los australianos de origen europeo, pues lo habían aniquilado interiormente.

Pocos días después de mi visita a ese museo de Sídney proseguí mi viaje hacia las islas del océano Pacífico.

La fotografía que tomé de los aborígenes encadenados en el Museo Australiano de Sídney.

89 – Los diablos de Tasmania

En la ciudad de Melbourne intenté abordar un ferri a Devonport, en la isla de Tasmania, pues prefiero llegar a un destino por tierra o por mar antes que por aire. Pero el barco estaba lleno por una semana (era el regreso de los escolares de sus vacaciones), así que me vi obligado a volar a Launceston, lo cual no lamenté, pues era una población agradable donde pasé dos días y desde allí, mediante autobuses locales, me dirigí a Hobart, la capital de la isla. Por el camino disfruté de la visión de bosques con desfiladeros y lagos.

Una vez llegado a Hobart me instalé en un hostal junto a "Salamanca Square" y deambulé por la ciudad para familiarizarme con ella.

El día siguiente decidí conocer alguna parte interesante de la isla. En la oficina de turismo, donde entré a recabar información, me aconsejaron visitar tres lugares:

- El parque nacional Cradle Mountain Lake St. Clair.
- Los penales de reos en Port Arthur.
- Los diablos de Tasmania.

Tasmania no es una isla pequeña. Sus más de 68.000 kilómetros cuadrados de superficie pueden contener dos regiones españolas juntas, como Aragón más Valencia. El servicio de autobuses no es muy regular; por ello, para llegar al parque nacional solo había dos opciones: alquilar un coche o bien practicar autostop. Y no me atrajo visitar unos penales donde los ingleses depositaron a alrededor de 75.000 gentes de mal vivir (criminales y mozas de vida alegre) a lo largo de la primera mitad del siglo XIX, que serían los que cometerían el denominado Genocidio de Tasmania (o Black War) y exterminarían con una crueldad espeluznante a la totalidad de la raza de aborígenes tasmanos (de 10.000 a 15.000 seres) envenenándolos con arsénico y cazándolos con perros para arrancarles la piel y venderla al Gobierno australiano por una recompensa. Una vez que el último nativo tasmano fue enterrado, el gobernador de la isla ordenó desenterrarlo inmediatamente y despellejarlo, y con la piel forró su maleta de viaje.

Solo el pensar en ir a visitar esa colonia penal me revolvía las tripas.

Me decidí entonces por la tercera opción: conocer los diablos de Tasmania.

Existen diablos de Tasmania en estado salvaje, libres, pero es muy difícil hallarlos, pues tienen hábitos nocturnos. Es por ello que acabé comprando un tour a una ciudad histórica, Richmond, incluyendo una visita de 3 horas a un centro de cuidado del diablo de Tasmania, más otros animales, como canguros albinos, monos capuchinos, reptiles, koalas, avestruces, leones africanos, tigres de Bengala y hasta llamas de Perú.

Uno de los diablos de Tasmania que visité cerca de la ciudad de Hobart.

Restos del infame presidio de la isla de Norfolk.

La carretera llena de cangrejos rojos en la isla de Christmas.

El autobús partía de la oficina de turismo. A bordo éramos unos diez turistas de nacionalidad neozelandesa, alemana, japonesa, más española (la mía).

Soy anti zoos, me da pena ver a los animales sufrir por ausencia de libertad y de espacio vital. Pienso que el que quiera ver animales exóticos tiene que viajar a su hábitat: a la isla de Komodo para observar a los dragones, a los bosques de Chengdu para ver a los osos panda, o a las selvas de la isla de Sumatra para contemplar a los orangutanes. Pero ese zoo de Tasmania, llamado Zoodoo Wildlife

Park, de 90 hectáreas, con servicio de cafetería y restaurante, era más bien un centro de rehabilitación y preservación de la raza de los diablos de Tasmania. Me contaron que un diablo en libertad vive unos 8 años, mientras que en cautividad en Zoodoo superan los 15 años.

Uno de los guardabosques nos llevó de excursión en un jeep, tipo safari, por el territorio del zoo. Nos dio muchas explicaciones acerca de la vida y costumbres de los animales que allí protegen y hasta nos permitió alimentar a los avestruces. Fue divertido.

En Zoodoo vi siete diablos, o demonios, por primera vez en mi vida, más numerosos wallabys y muchos pájaros exóticos, todos tropicales.

A mí el diablo de Tasmania me pareció un animal muy tierno, aunque al principio su aspecto, parecido al de una rata gigante, repele. Tienen muy mal olor y el verlos devorar la comida con sus poderosas mandíbulas, sea de un animal que ha cazado o los restos de un cadáver (pues son carroñeros), te produce una sensación infausta. Son robustos y tienen la piel negra. Los primeros europeos, cuando le oyeron chillar en la oscuridad, se atemorizaron de tal manera que le bautizaron como la "Mascota de Belcebú". Su mordedura es poderosísima; en proporción a su cuerpo físico es la más fuerte entre los mamíferos. Parecían agresivos. Sin embargo, el guardabosque los agarraba y se los subía al hombro. Los diablos no le hacían nada. Le pregunté al guardabosque si podría coger en brazos un diablo hembra, que solo pesa 5 kilos, pero me respondió que estaba prohibido; solo los guardabosques pueden hacerlo.

Al conocer la historia de los diablos de Tasmania en estado salvaje, uno no podía menos que sentir inquietud y compasión hacia esas criaturas solitarias de mirada triste.

El quinto día abandoné la isla satisfecho —aunque todavía inquieto— por todo cuanto había aprendido en ella.

90 – El presidio de la isla de Norfolk

Tenía mucho interés en conocer la isla de Norfolk porque acababa de pasar unos días en otra isla vecina, llamada Lord Howe, la cual me había encantado por su naturaleza y la amabilidad de sus gentes, por lo que deduje que la de Norfolk también me cautivaría.

No se puede volar desde el aeropuerto nacional de Sídney a la isla de Norfolk, sino desde el aeropuerto internacional y mostrar un pasaporte –incluso los ciudadanos australianos–, ya que esa isla goza de un estatus especial, como si se tratara de un país soberano, lo que requiere pasar Emigración.

Me quedé 3 días y realicé senderismo. Norfolk es una isla que destaca por sus pinos endémicos de extraordinaria belleza, los conocidos como "araucaria heterophylla" y también como "araucaria excelsa".

Encontré vestigios de los habitantes de la isla de Pitcairn que intentaron quedarse cuando se desplazaron a la isla de Norfolk, pero muchos acabarían regresando a Pitcairn. También descubrí, durante una de mis caminatas, una placa dedicada al capitán James Cook, que fue el primer inglés que desembarcó en Norfolk, pero no el primer humano, pues antes que él ya habían estado allí los polinesios, aunque abandonarían la isla antes de la llegada de los ingleses.

Los dos primeros días fui muy dichoso al admirar la belleza de la isla y por las rutas de senderismo que realicé. Sin embargo, el tercer día me ocasionó una sensación de inquietud que me duraría hasta mi partida de Norfolk. Y ello fue debido a que seguí la recomendación de una empleada de la oficina de turismo de bajar a orillas del mar para ver los restos de una antigua prisión británica. Curiosamente, ya me había paseado por entre las ruinas de ese presidio, pero no les presté mucha atención, a pesar de que la organización UNESCO las había declarado patrimonio mundial.

Pero lo que allí averigüé sobre esa antigua prisión alteró mi estado anímico. Fueron tantos los horrores y vejaciones inimaginables que se practicaron en aquel lugar por los guardianes y los presos, que se la comparó con el infierno.

La tercera noche, mientras estaba durmiendo, tuve pesadillas en las que me encontraba viviendo en la época cuando ese presidio estaba activo, y me vi en el interior de una mazmorra, donde los guardianes me atormentaban de manera cruel porque me habían visto pasear por la playa vestido con mi camiseta del Caco Bonifacio –que es la que suelo usar en los viajes–, motivo por el que me habían capturado imaginando que me había escapado del penal. Y, en mis sueños, yo gritaba lleno de inquietud:

—¡No, no soy un reo, dejadme salir de esta mazmorra, yo soy un viajero español!

Y me despertaba sumamente inquieto, con sudor en mi frente.

El cuarto día, todavía inquieto por la reciente pesadilla, abandoné la isla de Norfolk y regresé en un avión a Sídney.

****

91 – Los millones de cangrejos rojos de la isla de Christmas

Con base en la ciudad de Yakarta –Indonesia– compré un billete de avión con los siguientes 3 vuelos: Yakarta –isla de Christmas– isla de Cocos –Yakarta.

El vuelo desde Yakarta a la isla de Christmas duró apenas una hora de tiempo. El avión era de 170 plazas y llegó de noche, en silencio. A bordo íbamos solo diez personas. Todos los pasajeros mostraban un aspecto físico malayo a excepción de un maorí de Nueva Zelanda lleno de tatuajes por los brazos y hasta por las orejas, con quien entablaría conversación.

En Inmigración australiana desconfiaron de mí a pesar de poseer un visado electrónico para entrar en Australia que me habían emitido en Madrid. Al parecer, era el primer español que entraba en Australia por esa isla, algo que a los agentes les pareció sospechoso. Me preguntaron:

—¿Por qué no ha volado primero a Sídney o Perth y luego a Christmas? Esta es una isla muy especial; por ello, este vuelo, que está subvencionado por el Gobierno australiano, es solo para los emigrantes indonesios.

Me llevaron a un cuarto y allí telefonearon primero a las autoridades de Emigración de Perth, ciudad de donde depende la isla de Christmas. Enviaron por fax aquellas páginas de mi pasaporte conteniendo los datos personales.

Me inquieté un poco, pero respiré tranquilo cuando oí los motores del avión que se disponía a regresar a Yakarta. Por lo menos –pensé– no podrán deportarme hasta dentro de siete días.

A ese aeropuerto solo vuela ese avión semanal desde Yakarta, más otro local desde Perth.

Tras una larga hora de espera me autorizaron a entrar en la isla, pero me confiscaron el pasaporte, que solo me devolverían el día de mi partida.

Mi amigo maorí me había estado esperando para llevarme con su coche a la población de Settlement. Se llamaba Mel, me preguntó dónde me iba a alojar y yo le contesté que en algún albergue del centro. Él entonces me condujo a un hostal llamado Coconut Grove, donde me ofrecieron un cuarto individual con ventilador y desayuno. Se hallaba junto a la playa, vecino a un restaurante que hacía las veces de pub, llamado Jalan Rumag Tinggi, con buenos vinos del oeste de Australia, música en vivo, dardos y billares, que constituía el centro de reunión nocturna de los australianos de origen europeo.

Los nativos de origen malayo vivían en la parte alta de la isla, sobre la meseta de Kampong Poon Saan, mientras que los chinos tenían sus negocios y restaurantes en la otra parte de la meseta y apenas salían de sus casas.

Por lo que acabé aprendiendo durante los días que pasé en ella, esa plácida isla fue descubierta por un navegante inglés un día de Navidad, por lo que fue bautizada como Christmas (que significa Navidad en inglés) y fue declarada colonia Británica. Pronto llegaron chinos y luego malayos como obreros. Durante la Segunda Guerra Mundial la isla Christmas y la vecina Cocos fueron ocupadas por los japoneses.

Mi noble amigo Mel me invitó al día siguiente a visitar la isla en su coche. Simpatizó conmigo porque mi nombre "Jorge" pronunciado en español significa en maorí "caballo", por lo que me gastaba numerosas bromas a ese respecto.

Christmas tiene 135 kilómetros cuadrados, con forma de perrito Yorkshire y la mayor parte la modela una meseta.

Por el camino noté que la isla era muy verde, con exuberante vegetación, pues el 65% de su territorio se compone de un parque natural que alberga aves exóticas, tortugas marinas gigantes y flora endémica. También posee muchos frutos salvajes, como bananas, mangos, papayas y limones dulces.

Debíamos disminuir la marcha continuamente para no matar demasiados cangrejos, pero así y todo Mel no podía evitar aplastar a miles de ellos en el recorrido. Siempre ibas botando en el coche al superar tanto cadáver patas arriba.

—Esta es la isla de los cien millones de cangrejos rojos –me explicaba Mel–. Es la razón por la que vienen los turistas.

Como luego supe, en Christmas viven unos 120 millones de cangrejos de trece clases, desde los abre-cocos hasta los completamente de color rojo. En noviembre descienden todos a las costas de la isla a depositar sus huevas y tras una semana regresan a sus escondrijos en medio del boscaje.

Los cangrejos eran enormes, de los más grandes que había visto en mi vida, deberían pesar entre 5 y 10 kilos. La mayor parte de ellos eran completamente rojos, pero también los advertí grisáceos, negros y azules. No son aptos para el consumo humano, pues practican la antropofagia entre ellos. Sin embargo, oí que los chinos los capturan furtivamente y preparan con ellos sus famosas sopas.

El mayor enemigo de esos cangrejos no son ellos mismos, ni los vehículos que los aplastan a millares a diario, sino unas hormigas que fueron introducidas accidentalmente por un buque proveniente de África a principios del siglo XX y que causan estragos entre ellos.

También visitamos las fábricas de extracción del fosfato, donde trabajaba Mel. Esa actividad está llegando a su fin por agotamiento de las minas, por lo que las autoridades estaban intentando suplirla en la economía de la isla mediante la construcción de campos de golf y de casinos, y así atraer turistas por medio de un vuelo regular desde la isla de Bali.

A unos pocos kilómetros de las fábricas de fosfatos distinguí unos barracones a modo de presidio, rodeados por alambradas electrificadas y vídeos de control, donde solo entraban los obreros mediante la presentación de un pase a unos porteros armados. Pregunté a Mel y me informó de que allí viven centenares de refugiados vietnamitas y que, de hecho, la mayoría de los australianos que trabajaban en Christmas, donde los salarios triplican a los del continente, ejercía alguna actividad laboral relacionada con esos infaustos e indeseados huéspedes, pues Australia no les concede ningún tipo de asilo. Así vivían años y años, sin ningún porvenir, solo comiendo y respirando. Daba pena pensar en ellos; eran los famosos "Boat People" –"Gente del Bote"– a quienes nadie quería. Los barracones disponían de aire acondicionado y los vietnamitas estaban bien alimentados, pero aquello era una verdadera prisión para el cuerpo y para el alma.

El conocer la existencia de los barracones llenos de "Gente del Bote" me volvió a inquietar.

El día previsto de mi partida volé con destino a la isla de Cocos.

ESTADOS FEDERADOS DE MICRONESIA

92 – Una noche en la ciudadela de Nan Madol en la isla de Pohnpei

Durante mi viaje a los archipiélagos de la Micronesia asigné 8 días de visita a Pohnpei, pues intuí que sería una isla muy extraña debido a lo que había leído sobre las enigmáticas ruinas del centro ceremonial de Nan Madol, construido hacia el siglo XII con bloques de basalto. No se ha encontrado aún una explicación convincente sobre la forma en que esos bloques fueron cortados de la cantera y transportados para erigir una formación perfecta de 92 islotes artificiales.

Antes de desplazarme a Nan Madol tuve la oportunidad de participar en un funeral donde me encontré por primera vez en mi vida ante la presencia, no de un solo rey, sino ¡de 5 reyes y 4 reinas a la vez!

Ello sucedió cuando me hallaba recorriendo la isla en autostop y me recogió un coche, cuyo conductor se me presentó como un senador del Gobierno de los Estados Federados de Micronesia. Se dirigía al funeral de una reina y me propuso participar yo también en el velorio y demás preparativos antes del entierro. Acepté de buen grado.

Mientras conducía, el senador me explico que Pohnpei es una isla dividida en cinco reinos: Kiti, Sokehs, Net, U y Madolenihmw, administrados por reyes que tienen mucha influencia en la política del país.

Yo ya me había encontrado durante las Navidades del año 1987 con el presidente François Mitterrand en la cima del monte Sinaí –Egipto– e incluso había desayunado junto a él, pero nunca había visto de cerca –ni tampoco conocido– a ningún rey. Y de pronto tendría ante mí 5 reyes, lo cual me dejó perplejo y celebré mi suerte.

Al llegar, el rey de Kiti estaba triste, abatido, y de vez en cuando suspiraba por la reciente muerte de su esposa, la reina. A la ceremonia acudieron personajes notables de la isla, como el presidente del país, varios de sus ministros, representantes de las religiones que se profesan allí –católica, protestante y mormona– y algunos hombres de negocios.

El rey de Kiti me ofreció para beber medio coco conteniendo kava –una bebida que se extrae de la planta de la pimienta y posee efectos sedantes– y que se pasaba de un invitado a otro. Y para almorzar ordenó a su cocinero que a mí me sirvieran una cabeza de perro, que es considerado un manjar en ese reino, pero yo decliné con gentileza pidiendo a cambio una tortilla y una sopita suave. El rey dio instrucciones al cocinero del cambio de mi menú y me complacieron. Pocas horas más tarde el senador me transportó a Kolonia, la capital de la isla.

El día siguiente me dirigí hacia Nan Madol, de nuevo en autostop. Por el camino iba disfrutando de la naturaleza en Pohnpei, que encontré fabulosa; a uno no le parece encontrarse en una pequeña isla sino en el centro de un continente a causa de las altas montañas y los ríos poderosos. Estoy seguro de que, si existiera King Kong, en Pohnpei se sentiría como en casa.

Al llegar ante los 92 islotes artificiales, un barquero que contraté me mostró en su canoa las ruinas de piedra y coral.

El barquero me llevó primero a la Madol Powe –o la zona de las tumbas de los notables y las casas de los sacerdotes– y después fuimos a Madol Pah, donde se hallaba la residencia de los Saudeleurs (gobernantes), más una plaza central con un gran altar.

En cada parada contemplaba las construcciones megalíticas y me asombré al saber que alguno de esos bloques formando templos, criptas funerarias y murallas llegaba a pesar 50 toneladas.

El islote Nan Dawas fue el que encontré más estético y espectacular por sus columnas octogonales de 6 metros de longitud. También navegamos al islote Pahn Kadira, denominado la "Ciudad Prohibida". Luego nos dirigimos a Pahi y vi las 333 piedras que representaban a otros tantos guerreros. En Idehd los sacerdotes y brujos preparaban pócimas mágicas para los reyes; ese era el verdadero centro de Nan Madol, su capital.

Estaba tan entusiasmado que se me pasó el tiempo volando. El barquero no hacía más que advertirme que había que regresar, pues la marea estaba bajando y su barca podría quedar encallada. Yo le dije que no se preocupara, pues si la marea bajaba yo regresaría caminando y le insté a que me dejara solo, pues aún había sol y quería seguir explorando el lugar. Él, resignado al comprobar mi estado de exaltación, me hizo caso y se fue.

Seguí correteando por entre los islotes tomando notas y cuando oscureció traté de regresar a pie a la isla de Pohnpei, pero el agua seguía estando alta y así no podía caminar. Resolví quedarme allí a pasar la noche, pues cargaba conmigo mi pequeña bolsa y dentro tenía mi saco de dormir, que usé como colchón. Me instalé en el islote Idehd, donde estaba el antiguo altar sobre el cual los brujos preparaban sus encantamientos y brebajes.

Tardé en conciliar el sueño y todo el tiempo me sentí inquieto, pues, según la información de la que disponía, dormir en Nan Madol era considerado tabú y nadie había pasado allí una noche. Nadie hasta que yo decidí hacerlo.

Había mosquitos, pero me resigné a sus picaduras y acabé durmiendo plácidamente hasta que el sol me despertó. Entonces me incorporé y atravesé como pude varios islotes y canales hasta que alcancé la carretera de la isla de Pohnpei. Practiqué con éxito el autostop y regresé a Kolonia. Días más tarde proseguí mi viaje por las islas de Micronesia.

La ciudadela de Nan Madol.

FIYI

93 – La ciudad sin ley de Levuka en la isla de Ovalau

Un día de finales de diciembre abordé un ferri en la isla de Viti Levu que me transportó a la isla de Ovalau. Mi intención era conocer Levuka, una antigua ciudad sin ley.

En el puerto de Ovalau un autobús esperaba a los pasajeros para depositarlos en Levuka. El paisaje fue fantástico. La isla de Ovalau es montañosa, de naturaleza exuberante. Atravesamos varias aldeas donde el autobús paraba para depositar a varios pasajeros. Yo seguí hasta el final, hasta Levuka, el último destino, aunque la ruta circunvalaba la isla.

Todos sabían dónde ir, eran nativos con niños que iban a pasar el Año Nuevo con sus familiares. Yo era el único extranjero.

El autobús aparcó frente a un mercado pasando un puente y un riachuelo. Le pregunté al chófer por un alojamiento y me propuso dos lugares para dormir: el Hotel Royal –el más antiguo de Fiyi– y un hostal justo al lado.

Entré en el Hotel Royal pero estaba lleno; todos los clientes eran fiyianos. El edificio era colonial y sus paredes exhibían numerosas fotos de personajes históricos que se han alojado allí. El recepcionista me informó de que el infame negrero estadounidense Bully Hayes había sido uno de sus clientes, algo de lo que se enorgullecía. Justo entre el Hotel Royal y la playa organizaba ese negrero las subastas de esclavos.

Me gustó el hotel y salí de él con tristeza por no poder quedarme.

En el vecino hostal, llamado Clara's Holiday Lodge, les quedaba una última habitación con la ducha en el pasillo. El precio me pareció correcto y lo acepté.

Poco más hice ese día, salvo conversar con el dueño, el padre de Clara, un señor de unos 70 años llamado Mosi, descendiente de padre chino y de madre fiyiana, que me contó muchas anécdotas curiosas relacionadas con Levuka. Como él era católico y asistía cada día a misa, yo le acompañaba y nos sentábamos juntos en los bancos de la iglesia del Sagrado Corazón (Sacred Heart Church).

Por la mañana exploré la ciudad, poblada por unas 2000 almas. Pronto noté que poseía mucha historia; de hecho, cada casa tenía más de 100 años de antigüedad y la mayoría de ellas estaban construidas a base de madera. La ciudad se extendía a lo largo de la "Beach Street" (calle de la playa). Allí se ubicaban los edificios más antiguos que aún mantenían los nombres originales: Bank of New South Wales, Whale's Tale Restaurant, Ivans Hot Bread, Marist Convent School, Morris Hedstrom Ltd., Ovalau Club, etc., además de las iglesias y catedrales, tanto católica, como anglicana, metodista y hasta mormona.

Dentro de un jardín observé un monumento metálico, en forma de cola de ballena, dedicado a un pescador estadounidense que se instaló en Levuka en el año 1822, se casó con una nativa y actuaba como intermediario entre la población y los numerosos visitantes extranjeros que por allí pasaban, pues Levuka representó durante muchos años del siglo XIX una escala entre los puertos americanos y los de Asia y Australia.

Pronto Levuka se convertiría en una ciudad salvaje, en una filial de Sodoma y Gomorra, albergando un batiburrillo de comerciantes, granjas de medio pelo, negreros, misioneros, tahúres, balleneros, hetairas, etc., que procedían de países americanos, europeos, de China, de India, de Japón... y profesaban el cristianismo, el judaísmo, el hinduismo, el budismo y el culto a los antepasados.

Las principales economías de Levuka (aparte del comercio de esclavos) eran la copra, que se transportaba desde las plantaciones al puerto mediante un tren que se construyó (hoy desaparecido), así como el "Bêche-de-Mer" (Pepinos de Mar).

Un reverendo que visitó Levuka en el año 1870 escribió:

"En Levuka se vive de manera muy furiosa. He contado en la milla que mide la "Beach Street" un total de 52 hoteles, numerosos salones y bares donde se consume alcohol y kava sin coerción".

Los reyes de las islas de Ovalau y demás que componen hoy Fiyi determinaron convertirse en vasallos de Inglaterra para que este país impusiera el orden ante la anarquía que allí reinaba. Esta anexión sucedía en 1874. Los ingleses llevaron a Levuka obreros de la India para trabajar en las plantaciones y tres años más tarde trasladaron la capital de Fiyi desde Levuka a la ciudad de Suva. Levuka perdió entonces importancia política y económica.

Visité el Museo de Historia, la antigua barbería y entré en todas las iglesias buscando conversación con los nativos para sonsacar más historias sobre Levuka, una ciudad que me pareció entrañable por la combinación de personajes excéntricos que reunió en el siglo XIX.

Junto al histórico Club Ovalau descubrí un edificio destruido por el fuego que se encontraba abandonado. Entré abriéndome paso entre la maleza. Fue cuando unos fiyianos que me vieron me contaron que eso que parecía un templo había sido una logia masónica, la primera erigida en el océano Pacífico. Era frecuentada por extranjeros de origen occidental afincados en Fiyi que viajaban regularmente a Levuka desde Suva para practicar sus ritos. Debido a que las gentes locales sospechaban que allí se realizaba magia negra, le prendieron fuego el año 2000.

Tanto la visión de las ruinas de esa logia masónica como la historia que me contaron sobre ella me produjeron una sensación de inquietud que me duraría hasta el tercer día, justo cuando decidí abandonar Levuka y regresar a la isla de Viti Levu.

Poso ante el letrero de la ciudad de Levuka.

ISLAS MARSHALL

94 – El atolón Kwajalein

Mirando por la ventanilla del avión durante mi vuelo desde la isla de Kosrae (Estados Federados de Micronesia) a la isla de Majuro (República de las Islas Marshall), me enamoré de esas islas desde las alturas y estuve de acuerdo con la descripción que hizo de ellas el viajero y escritor escocés Robert Louis Stevenson, quien las denominó: "perlas del Pacífico".

El avión aterrizó en el atolón Kwajalein antes de dirigirse a Majuro. Fue una escala que no estaba anunciada y me inquietó. Descendieron varias personas, todas de aspecto indígena, que debían de ser residentes, pues sin un permiso especial del Ejército de los Estados Unidos no se puede visitar ese atolón. Poco más tarde subieron al avión unos cuantos pasajeros que se dirigían a Majuro.

En ese tiempo, que superó la media hora, pedí bajar del avión para visitar al menos el área del aeropuerto y estirar las piernas, pero no me lo permitieron y, para evitar que alguien lo intentara, una soldado estadounidense, armada con un rifle, se quedó apostada en la puerta.

Pregunté por qué no se podía bajar y la soldado me informó de que era para ayudarme, para evitar que me expusiera a la radiación residual de las pruebas nucleares realizadas en el vecino atolón de Bikini durante los años de 1950.

Solo unas mil personas, casi todas pertenecientes al Ejército estadounidense, vivían en ese atolón de coral, uno de los más grandes del mundo (de una superficie de 3 kilómetros cuadrados), que a su vez forma parte de un grupo de alrededor de un centenar de otros atolones e islotes.

Aunque no llegué a pisar el atolón agradecí esa escala, pues al aterrizar el avión y al remontar el vuelo después pude apreciar desde la ventanilla del avión la naturaleza más las casas de los soldados del atolón, que tenía forma de media luna, o de un cruasán gigante.

Tras esa pausa inesperada para mí reanudamos el vuelo y poco después aterrizamos en la isla de Majuro, en la República de las Islas Marshall.

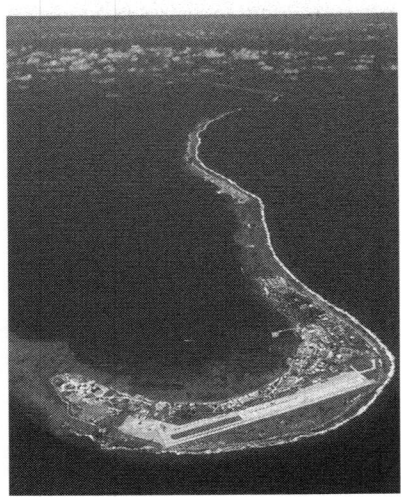

El atolón Kwajalein visto
desde el aire.

ISLAS SALOMÓN

95 – La muerte del navegante Álvaro de Mendaña en la isla de Nendo

Viajé a Honiara –la capital de las Islas Salomón– en mi deseo de conocer los 14 países de Oceanía que integran las Naciones Unidas. Mi intención preliminar fue la de permanecer en ese país una semana, pero al final me quedaría dos meses de tanto que me fascinó.

Desde el primer día me sorprendió gratamente la relación tan íntima que existe entre las Islas Salomón y España. La calle principal de Honiara se llama Mendana (derivado del apellido del navegante leonés Álvaro de Mendaña), el hotel más importante llevaba el nombre de Mendana y la isla donde se ubicaba Honiara se llama Guadalcanal, como una ciudad de la provincia de Sevilla, en España.

Cuando visité el museo de Historia de la ciudad aprendí que las Islas Salomón habían sido descubiertas para el mundo occidental en el año 1568, cuando llegó a ellas una expedición de navegantes españoles al mando de Álvaro de Mendaña. En el año 1595 regresó con una segunda expedición y murió en la isla de Nendo, perteneciente al archipiélago de Santa Cruz.

Me inquietó saber que en la isla de Nendo, donde habían muerto Álvaro de Mendaña y 46 de sus tripulantes, no había ningún monumento dedicado a ellos. Me rebelé y encargué ese mismo día una placa de cobre en la que hice grabar una frase en español acerca del segundo viaje. Luego compré 200 kilos de cemento y me embarqué hacia la isla de Nendo. Previamente había informado de mis intenciones a un cura católico irlandés (el padre Jim), quien quiso colaborar con mi gesto oficiando una misa de réquiem por el alma de esos 47 españoles.

En el siglo XVI Álvaro de Mendaña había descubierto para el mundo occidental, no solamente las Islas Salomón, sino también las islas Marquesas, las islas del norte del archipiélago Cook, varias islas de Tuvalu, de Kiribati y aún otras más de Oceanía.

Su segunda expedición a las Islas Salomón –en el año 1595– constaba de cuatro barcos que transportaban unas 400 personas, familias en su mayoría, además de aperos y animales de granja para colonizar las Islas Salomón. Le acompañaba el portugués Pedro Fernández de Quirós, quien, a la muerte de Álvaro de Mendaña en la isla de Nendo –al contraer malaria–, pudo capitanear hasta las Islas Filipinas la única nave superviviente, la "San Jerónimo", donde iba a bordo la esposa de Álvaro de Mendaña en calidad de almirante, la gallega Isabel Barreto.

Al cabo de dos días de navegación desembarqué en la isla de Nendo y caminé a la población de Lata, en la Bahía Graciosa. Allí me estaba esperando el padre Jim.

Durante los días que permanecí en Lata visité el cementerio donde enterraron a los 47 españoles. Casi todos murieron al contraer malaria. A Álvaro de Mendaña lo desenterraron para llevarse su cadáver a Manila.

El día de la misa réquiem pronuncié unas palabras en español y tras ello el padre Jim ofició el servicio religioso. Se bendijo entonces el monumento que se construyó en la puerta del ayuntamiento con mis 200 kilos de cemento y la placa.

Al día siguiente el padre Jim voló a Honiara, mientras que yo regresé en barco.

****

96 – El aeródromo japonés de la isla de Balalae

Debí esperar unas 5 horas en el aeródromo de la isla de Balalae la llegada de un avión que me transportaría a la isla de Ghizo.

La isla de Balalae tiene una superficie de unos 2 kilómetros cuadrados y está deshabitada, salvo los días de vuelo, cuando abren una pequeña tienda de ultramarinos donde los pasajeros pueden comprar algo de comer y de beber.

De no haber sido por la amistad que hice con un pasajero italiano que estaba esperando el mismo avión que yo, esa isla me hubiera sido indiferente, pero la historia que me contó sobre ella hizo que experimentara una gran inquietud.

Lo primero que hizo el italiano fue conducirme a visitar unos restos de aviones japoneses y unas placas cuya existencia yo ignoraba.

En una de esas placas leí en inglés que ese aeródromo había sido construido entre diciembre del año 1942 y enero de 1943 por 517 prisioneros de guerra británicos, quienes habían sido capturados en la isla de Singapur y llevados en barco a la isla de Balalae.

Me encuentro junto al padre Jim y las autoridades de la isla de Nendo ante la placa que dediqué a Álvaro de Mendaña.

El aeródromo japonés de la isla de Balalae.

Ninguno de ellos salió con vida.

Muchos murieron por las enfermedades tropicales, también por exceso de trabajos forzados y, sobre todo, por los disparos "amigos" de los aviones estadounidenses, que no sabían que allí había presos británicos. En junio de 1943, cuando los japoneses tuvieron que abandonar la isla porque pronto iba a ser conquistada por los americanos, ejecutaron a todos los prisioneros británicos aún supervivientes cortándoles la cabeza y, acto seguido, enterrándolos en una fosa común que previamente los británicos habían sido obligados a cavar.

Ese aeródromo debía de ser inaugurado al aterrizar en él el famoso Isoroku Yamamoto, Almirante y Comandante en Jefe de la Flota Imperial Japonesa, el mismo que planeó el exitoso ataque japonés a Pearl Harbor (Hawái). Pero los estadounidenses descifraron un mensaje japonés y por él averiguaron el día y la hora en la que Isoroku Yamamoto volaría desde Rabaul –en la isla papú de Nueva Bretaña– a la isla Balalae. Lo interceptaron con sus cazas y lo abatieron en el cielo de la isla papú de Bougainville. Al día siguiente se encontró su cadáver cerca de Buin –en Papúa Nueva Guinea.

No quise acompañar al italiano a la fosa común donde se había enterrado a los prisioneros británicos, pues me sentía demasiado inquieto al conocer ese hecho histórico tan espantoso. Caminé a la tienda de ultramarinos a tomarme un café y cuando llegó la hora volé a Ghizo.

NUEVA ZELANDA

97 – La tragedia de los moriori en las islas Chatham

Disponía de una semana libre en Nueva Zelanda antes de abordar mi siguiente vuelo a otro país de Oceanía, por lo que consulté un mapa y resolví visitar una isla que me llamó la atención: se llamaba Chatham.

Los dos vuelos que compré fueron: Christchurch – isla de Chatham, y el segundo para dos días más tarde: isla de Chatham – Auckland.

Hay solo un pequeño avión que sirve la isla de Chatham. Es del año 1953 y parecía de museo.

El aeropuerto de Chatham se halla a unos 20 kilómetros de distancia del poblado principal, que representa, además, la capital, Waitangi.

Como no vi servicio de autobuses o de taxis comencé a caminar, pero a los pocos metros un coche se detuvo y su conductor se ofreció a llevarme a Waitangi, cosa que acepté.

Chatham es un archipiélago compuesto por dos islas habitadas, Chatham y Pitt, más unos islotes desérticos. La superficie total es de unos 950 kilómetros cuadrados.

La población de la isla de Chatham es de apenas 600 personas, mientras que Pitt la habitan unas 40. El porcentaje de razas está compuesto, grosso modo, por un tercio de blancos (neozelandeses de origen inglés), un tercio de maoríes y el otro tercio lo forman los moriori.

Aunque el idioma oficial es el inglés, en los tres días de visita a Chatham llegué a escuchar lenguas raras. Se trataba del moriori y del maorí.

Los primeros europeos que llegaron a las islas Chatham fueron ingleses a finales del siglo XVII a bordo de un barco llamado Chatham.

Al llegar a Waitangi entré a comer algo en el único albergue y al mismo tiempo cafetería, llamado Hotel Chathams. La comida allí no era excesivamente cara, pero el alojamiento sí.

Había una iglesia católica, pero el párroco estaba ausente, más otra protestante, que era la más popular entre los habitantes.

El segundo día lo invertí en acceder al extremo sur de la isla.

La naturaleza no era pródiga. Había varias lagunas, pero muy pocos árboles. La mayor parte de la isla consistía en pastos para el ganado, principalmente ovejas merinas procedentes de España.

A veces los coches de pastores paraban y se ofrecían a llevarme por unos kilómetros, hasta llegar a sus granjas, pero no había mucha circulación en una isla tan poco habitada como es Chatham.

Alcancé una granja en la aldea de Owenga, donde había un monumento dedicado al último moriori puro, el señor Tommy Solomon, que había fallecido en el año 1933.

Por lo que pude averiguar a través de las conversaciones con los pastores que me recogían haciendo autostop, en la actualidad los maoríes y los moriori son enemigos jurados en Chatham.

Ya casi llegando de regreso a Waitangi observé un letrero donde estaba escrito en mayúsculas: KOPINGA MARAE. Caminé unos metros y descubrí un edificio de una sola planta. Era un *marae* –templo–. A la entrada me descalcé, según ordenaba un letrero. En su interior me atendió su guardián, John, que se mostró muy amable, mostrándome a continuación el interior del *marae*, que era moriori y estaba dedicado a la paz, aunque también observé elementos que me parecieron muy esotéricos.

El *marae* tenía forma pentagonal y en su centro se erguía una columna de madera con palabras en la lengua moriori, asentada sobre una piedra basáltica de cinco lados.

Contemplé con atención los diseños, los dibujos y símbolos de los moriori por las paredes y sobre cuadros. En una sala aparte había árboles sagrados con los dibujos de almas de los moriori. Cuando un moriori nace le dedican un árbol del bosque y graban sobre él la fisonomía del recién nacido. Los moriori practican cultos ancestrales, pero también leen la Biblia.

John tenía ojos azules. Me explicó que su padre era neozelandés de origen inglés y su madre provenía de la raza de los moriori.

Cuando los moriori descubrieron la isla Chatham, estaba entonces deshabitada. Su población llegó a alcanzar las 2000 almas, según un informe de los navegantes ingleses a finales del siglo XVIII.

En el año 1835 llegaron desde las dos islas principales que forman Nueva Zelanda cerca de un millar de maoríes, armados con armas de fuego europeas.

Los pacíficos moriori practicaban una cultura de no agresión y en su filosofía estaba el ofrecer la segunda mejilla. Cuando entre ellos había una rencilla, la solucionaban mediante un duelo entre los representantes de ambos grupos en disputa. Tan pronto aparecía sangre en uno de los contendientes, la lucha cesaba y le curaban la herida. El grupo perdedor aceptaba el resultado del duelo y el asunto quedaba zanjado.

Poco a poco los abusos de los maoríes sobre los moriori fueron incrementándose, hasta que en un solo día, siguiendo un rito, los maoríes mataron a 300 moriori y acto seguido se los comieron, pues eran caníbales. A los demás moriori los esclavizaron encerrándolos en un gran corral, como si fueran ganado, para irlos matando poco a poco y comérselos a medida que tuvieran hambre. Los encerraron separados por sexos. Las mujeres serían violadas solo por los hombres maoríes; se les prohibió tener hijos entre los moriori.

Unos pocos moriori, los menos dóciles, pudieron huir y se ocultaron en cuevas y en la selva.

Gracias a que algún barco de neozelandeses visitaba Chatham de vez en cuando, se pudo conocer la situación de esclavitud de los moriori. En 1862 los esclavos moriori fueron liberados. Quedaban solamente 160.

La madre de John era la nieta de uno de los supervivientes de esa matanza.

John me condujo al pilar de madera sobre la base de basalto y me informó de que allí estaban grabados los nombres de los moriori sacrificados, entre ellos sus bisabuelos.

Hoy en día, aparte de los aproximadamente 200 moriori que residen en la isla de Chatham, en las dos islas grandes de Nueva Zelanda viven unos 600 moriori más y también se les encuentra en Australia.

Me despedí con gran tristeza de John, agradeciéndole la trágica historia que me había contado sobre su gente, y regresé a pie a Waitangi experimentando una gran inquietud que me quitó las ganas de cenar; por ello, al llegar a mi alojamiento me tumbé en la cama de inmediato.

El tercer día volé con destino a Auckland.

****

98 – La esclavitud de los nativos de las islas Tokelau

Zarpaba una madrugada desde Apia –en Samoa– con destino a los tres atolones que componen el archipiélago de Tokelau. Estaba tan emocionado que la noche anterior rogué al capitán que me dejara dormir dentro del barco por miedo a quedarme dormido y perderme la salida. Él accedió.

Tokelau pertenece a Nueva Zelanda y carece de autogobierno, a diferencia de otras posesiones neozelandesas en Oceanía, como Niue y las Islas Cook, las cuales tienen la opción de independizarse y convertirse en países soberanos. Los tres atolones coralinos de Tokelau son administrados por un consejo de tres ancianos (uno por cada atolón) que hayan cumplido los 60 años. En su lengua nativa, Tokelau significa "viento del norte" y la población media de cada atolón es de unas 500 personas.

A bordo del barco Lady Naomi habría unos doscientos pasajeros. Todos eran tokelaunos; yo era el único extranjero.

Muchos durmieron en cabinas; algunos, en los pasillos y aún otros, en la cubierta del barco, sobre el suelo, o bien en hamacas. Yo preferí dormir en la cubierta pues en los camarotes hacía demasiado calor y el ruido de las calderas no te dejaba dormir, además del olor a aceite, que te mareaba. A veces, sobre la cubierta, había ráfagas de lluvia y otras eran las olas las que te mojaban a medianoche. No era divertido.

Entrada a Kopinga Marae.

Haciendo amigos en las
islas Tokelau.

La comida era tipo rancho, pero aceptable y se podía repetir. Normalmente se componía de pescado crudo acompañado de taro, fideos y arroz. Por las mañanas y por las noches servían té con leche.

Los hombres se pasaban el día bebiendo un coctel de vodka con zarzaparrilla que prepararon en una gran perola de la cocina. Nunca vi a una mujer en el barco bebiendo alcohol.

El segundo día de travesía llegó de buena mañana el Lady Naomi al atolón de Fakaofo. El capitán me comunicó que disponía de 4 horas para pasear.

Como ninguno de los tres atolones dispone de puerto, el Lady Naomi echaba el ancla en mar abierto y mediante una gabarra nos iban transportando al atolón por turnos.

Al llegar, fui controlado por un policía, que me estampó un sello de entrada en mi pasaporte. Esa rutina se repetiría en los tres atolones.

Muchas mujeres se dedicaban a barrer las calles. Los niños se preparaban para ir al colegio y los hombres ese día no trabajarían en la pesca o en la copra, debido a la llegada del barco. Todos los hombres ayudaban en las faenas de carga y descarga de las mercancías del Lady Naomi.

El barco descargó alimentos enlatados, electrodomésticos caseros, papel higiénico, material de construcción y bebidas alcohólicas. Y al regreso solo traía botellas vacías de cerveza y algo de copra, más pescado de atún, pues apenas producían nada en Tokelau.

Al descender, los pasajeros se abrazaban a los familiares que les estaban esperando y acto seguido se dirigían a la Casa de la Palabra a celebrarlo bebiendo sin coerción ron de coco de manufacturación casera. Era un momento de regocijo.

Noté que las condiciones de vida eran de subsistencia. Las casas eran simples, con un jardín, algunas gallinas y árboles frutales que les suministraban la fruta: pandanos, cocos, fruta de pan, mangos y papayas. Todas las casas disponían de un depósito de agua potable.

Además de la escuela, vi un hospital y un supermercado con productos básicos. En Correos vendían sellos exóticos que son muy apreciados por los filatélicos. El alcohol solo se vendía a los hombres y no más de tres botellas al día por familia.

Conocí a los profesores de la escuela, una pareja joven de Nueva Zelanda. Llevaban viviendo en ese atolón dos meses y se sentían felices. Me contaron que la simpatía de las gentes y la manera de exteriorizar su gratitud era una gran experiencia. Según ellos, yo era el primer extranjero que habían visto en dos meses en Fakaofo.

Había algunos coches en Fakaofo, pero los utilizaban más bien para transportar las mercancías que llegaban del barco.

Entré en dos iglesias; una era católica y la otra protestante. Los nativos son muy creyentes y todos van a misa los domingos, sin excepción.

En la Casa de la Palabra fui invitado a degustar el ron casero, que llaman "kaleve". Uno de los tertulianos de la Casa de la Palabra era el antiguo rey de Tokelau, pero ya no ejercía como tal, pues la dependencia de Tokelau con respecto a Nueva Zelanda le privó de privilegios.

Al mediodía el capitán hizo sonar la bocina del Lady Naomi. Era la señal para retornar en la gabarra. Todos los nativos fueron al puerto a despedirnos.

Navegamos hacia el atolón Nukunonu y, al llegar, el capitán nos dio 3 horas de tiempo de estancia en la isla.

Tras el control de la Policía y recibir otro sello en mi pasaporte, corrí a explorar el atolón.

En Nukunonu había un hotel, el único de los tres atolones; se llamaba Luana Liki. Entré y no había clientes. Pregunté al dueño por el precio: una habitación individual costaba 25 dólares neozelandeses.

En Nukunonu fui invitado a comer por dos mujeres en la casa de una de ellas. Me sirvieron pescado con taro y me preguntaron si era soltero; luego, la edad, y cuando me despedía me instaron a quedarme en ese atolón hasta la siguiente salida del barco, una semana más tarde, pero decliné con gentileza.

Regresé al Lady Naomi y nos dirigimos al atolón Atafu, adonde llegamos de noche. Por la mañana, a la salida del sol, desembarcaríamos.

Como en los dos previos atolones, lo primero que hice al llegar a Atafu fue registrarme en la Policía.

Conversando con los nativos en la Casa de la Palabra, al contarles que era español me dijeron que en ese atolón vivían nativos con los apellidos Pérez, Pereira y Pedro.

Quise indagar sobre ellos, pues supuse que eran descendientes de balleneros españoles, hispanoamericanos o filipinos. Fue cuando un tokelauno me regañó y me dijo que los españoles secuestraron en el pasado a los isleños, forzándoles a trabajar como esclavos recogiendo guano en las islas Chambas –Perú– y en los campos de cultivo del interior de ese país sudamericano.

Yo ya había leído sobre los esclavistas peruanos, por ello me defendí alegando que Perú obtuvo la independencia de España mucho antes de esos secuestros, por lo tanto, aunque los peruanos hablaran español, no habían sido los españoles de España.

Pero uno de ellos insistía y se reafirmaba en que habían sido españoles de España. Y se fue a la biblioteca a buscar unos libros.

Al poco rato trajo dos libros en inglés. Uno tenía en la portada la palabra "Blackbirders", que significa esclavistas, o negreros. El segundo libro era mucho más significativo y me concernía; llevaba por título "Slavers in Paradise: The Peruvian Slave Trade in Polynesia, 1862-1864".

Me quedé como petrificado mientras lo ojeaba y anotaba algunos datos en mi cuaderno de bitácora.

Allí se detallaban ocho barcos con nombres españoles, tales como General Prim, Guillermo, Dolores Carolina, Micaela Miranda, Rosa y Carmen, etc., que zarparon del puerto peruano de El Callao comandados por un tal capitán Marutani, cuyo verdadero nombre era Joan Maristany i Galceran, nacido en El Masnou, en la provincia de Barcelona, España, en el año 1832.

Ese genocida barcelonés, junto a otros compinches y familiares también barceloneses, capturó a centenares de tokelaunos, además de a nativos de otras islas del Pacífico, tales como Puka Puka, de Tuvalu, de Tonga, de Niue, de Rotuma y –sobre todo– de la isla de Pascua –Chile–, donde secuestró a los únicos pascuenses que conocían la escritura rongo-rongo. Como la mayoría de esas pobres gentes morían en sus inhumanos trabajos, donde apenas se les alimentaba, o bien de enfermedades, se perdió para siempre la posibilidad de descifrar esa escritura de los pascuenses. Casi ningún secuestrado regresó jamás a sus islas.

Perú, en aquellos años, vendía grandes cantidades de guano a Liverpool (Inglaterra) y Estados Unidos, por ello necesitaba miles de obreros para extraerlo.

Era habitual en esa época del siglo XIX en la Costa del Maresme barcelonés dedicarse al execrable tráfico de seres humanos. Incluso Joan Güell, el padre de Eusebio Güell, el protector y mecenas del arquitecto Antonio Gaudí, fue un conocido esclavista que hizo una gran fortuna gracias a su actividad de negrero, comprando nativos africanos en el golfo de Guinea y vendiéndolos como esclavos en Cuba.

De poblados barceloneses como El Masnou, San Pol de Mar y aún otros zarpaban regularmente numerosos barcos de negreros. Desde 1821 a 1845 hubo 220 expediciones negreras catalanas, y cada una constaba de varios barcos. En el siglo XIX hubo cuatro astilleros en El Masnou, decenas de armadores y 800 capitanes de barco.

Hoy, muchas de las bonitas mansiones que se observan a lo largo de la Costa del Maresme se construyeron gracias al dinero procedente del tráfico de esclavos. Una calle fue dedicada en El

Masnou a Joan Maristany, que vivió sin serle jamás descubierto su negro pasado.

En ese libro venían las fechas exactas y las islas de cada lugar donde esos barcos negreros de Joan Maristany capturaban, mediante engaños y armas de fuego, a los ingenuos e inofensivos nativos.

Como español, pedí perdón a esos tokelaunos por los crímenes perpetrados por mis paisanos, sobre todo por Joan Maristany, el Bully Hayes español. Ellos me contestaron con una sonrisa y un "do not worry". Hoy no guardan rencor a nadie. Todo el mundo era bienvenido a visitar Tokelau, me dijeron.

Poco más hice en Atafu de lo apesadumbrado e inquieto que me sentía al averiguar ese trágico episodio en la historia de España.

Cuando el capitán hizo sonar la bocina fui el primero en embarcar en la gabarra y subir a bordo del Lady Naomi, donde no paré de escribir lo que recordaba de ese libro, hasta que llegó la hora de la cena, que apenas probé debido a mi inquietud.

Desde el atolón Atafu navegamos de regreso a Apia, en Samoa.

PAPÚA NUEVA GUINEA

99 – Encuentro con el líder rebelde de BRA en la isla de Bougainville

Navegué en lancha desde la isla de Shortland –Islas Salomón– a la isla de Bougainville –Papúa Nueva Guinea–. Era el año 1991.

La lancha me depositó en una población a poca distancia de Kieta, en la parte oriental de la isla de Bougainville. No había servicio de Inmigración; había entrado en Papúa Nueva Guinea ilegalmente.

En esos tiempos había guerra en la isla de Bougainville. Por una parte, estaba el Gobierno de Papúa Nueva Guinea –ayudado militarmente por Australia– y, por la otra, se encontraban los guerrilleros de Bougainville Revolutionary Army, o BRA (un movimiento rebelde que luchaba desde el año 1988 para lograr la independencia, o la unión con las Islas Salomón, país al que pertenecen étnica y culturalmente), quienes utilizaban las armas dejadas en Bougainville por los japoneses durante la Segunda Guerra Mundial.

La guerra comenzó cuando los nativos de Bougainville se opusieron a que el gobierno papú explotara la fabulosa mina de cobre de Panguna, en el centro de la isla, para vender los minerales a empresas de Australia y otros países extranjeros –incluyendo España– sin percibir ellos ninguna ventaja de esas ventas; todos los beneficios iban a parar a la capital papú, Port Moresby, por lo que proponían esperar a explotar esa mina de Panguna hasta que ellos mismos desarrollasen la técnica de la extracción de los metales y vender entonces el cobre a otros países, eliminando a los intermediarios usureros australianos.

Estaba tranquilamente cenando con el barquero salomonense cuando aparecieron tres nativos armados con rifles (eran miembros de BRA) y me preguntaron por la razón de mi viaje a la isla de Bougainville. Yo contesté que era un simple viajero y pretendía continuar mi viaje hacia Port Moresby. Ellos desconfiaron de mis palabras y me condujeron en un todoterreno a Kieta a entrevistarme con Sam Kauona, el general de BRA, en una casa en medio de la jungla. Pasamos varios controles militares, cruzamos un riachuelo y entramos en una casa de madera donde se hallaba Sam Kauona junto a su esposa y a una niña de pecho. Él iba ataviado con una especie de turbante enrollado en su cabeza y lucía una camiseta donde se podía leer, en inglés:

"RECOMPENSA: 200.000 KINAS POR SAM KAOUNA. ¡VIVO O MUERTO!"

Pronto se disiparon las dudas de que pudiera ser un espía mandado desde Port Moresby. Sam Kauona me tomó simpatía y me explicó los pormenores de la guerra en Bougainville, que se tomaría más de 20.000 vidas. Él había sido un militar en el gobierno central de Papúa Nueva Guinea y había realizado en Australia un cursillo sobre el manejo de explosivos; pero, al desencadenarse la guerra, Sam Kauona, siendo un nativo de la isla de Bougainville, desertó del ejército papú y se unió a los rebeldes de BRA.

Me quedé a dormir dos noches en la misión católica de Kieta, regida por un sacerdote alemán. Me hallaba completamente inquieto por la situación bélica en Bougainville, por lo que esa primera noche me costó conciliar el sueño.

El día siguiente pude comprobar la vida cotidiana en Kieta, con su mercadillo vendiendo animales raros. Toda la población estaba a favor de separarse de Papúa Nueva Guinea.

Cuando comprobé que no podría continuar mi viaje hasta Port Moresby debido a la peligrosidad de cruzar toda la isla de Bougainville hasta la isla vecina de Buka —en poder del ejército papú–, desistí y pedí a Sam Kauona autorización para regresar a las Islas Salomón. Él accedió y puso a mi disposición una lancha conducida por un nativo para que me devolviera al día siguiente a la isla salomonense de Shortland.

Vendedoras de animales exóticos en la isla de
Bougainville.

Junto a mi amigo del mercado de
Lorengau.

100 – Isla de Manus, el Guantánamo australiano

En Madang –isla de Nueva Guinea– abordé un avión hasta la isla de Manus. Al aterrizar debí esperar varias horas a que un autobús me trasladara a la ciudad principal, Lorengau.

Mientras conversaba con mis compañeros del avión averigüé que muy cerca de ese aeropuerto, sobre una isla llamada Los Negros, se encontraba un asentamiento de los "Boat People" –"Gente del Bote"–, o refugiados vietnamitas. Muchos de ellos habían sido trasladados desde la isla de Christmas, en Australia, que yo ya conocía de un viaje anterior.

Me interesé por visitar ese asentamiento pero, al igual que me sucedió en la isla de Christmas, el acceso estaba totalmente prohibido a gente ajena. Muchos de esos refugiados jamás saldrían de ese asentamiento, que era como una prisión; en él crecerían, se reproducirían y morirían. Muchos vietnamitas se desesperaban y se suicidaban en esas prisiones, donde casi todos perdían la salud mental y con frecuencia se originaban revueltas, acabando con la muerte de varios de ellos. Era triste esa situación y me sentí muy inquieto.

Finalmente, me resigné a no poder acercarme siquiera al lugar, pues previamente habían instalado unos puestos de control que me lo impedirían.

Pero no sería ese asentamiento lo único que me dejaría inquieto en la isla de Manus, ya que aún me faltaba conocer otro lugar inquietante en un islote llamado Pityilu, frente a Lorengau.

Esa mañana desayuné en un mercado al aire libre un café, más un dulce de casabe y una porción de taro. Hice allí amistad con el hombre que preparaba el café, quien permitía que me sentara en su kiosco, donde me entretenía conversando con varios compadres, observando el trasiego de los pescadores, vendedores y clientes de ese mercado. Muchas mujeres lucían tatuajes en la cara y en la frente.

En ese mercado vi cómo vendían tortugas gigantes vivas y collares de conchas que tenían un valor fijo, de curso legal y se podían trocar por mercancías.

Pregunté por un alojamiento a precios abordables y una vendedora de comidas caseras me ofreció su hostal en una diminuta isla llamada Pityilu, a unos 20 minutos en bote. Ella vivía allí y cuando acabara el mercado me podría llevar en su canoa. Establecimos el precio en 40 kinas por noche, mosquitera incluida.

Cuando acabó la jornada del mercado navegamos a la citada isla, que mediría 5 kilómetros de largo por unos 200 metros de ancho y estaba habitada por unas 800 personas. Había dos iglesias, una católica y otra protestante. Durante la Segunda Guerra Mundial los japoneses se instalaron en ella hasta que fueron aniquilados por los estadounidenses, que construyeron un aeropuerto y diversos barracones de madera. Uno de ellos se había preservado y era ahí donde me alojaba, en la zona llamada Lolo.

Lo más curioso de Pityilu fue el descubrir, gracias a un joven nativo con el que hice amistad, un sitio sagrado llamado Luhú, en la zona Bapi, consistente en una piedra de poco más de un metro de largo –rodeada de arbustos y cocoteros– que cuidaban limpiando el recinto e izando a diario la bandera de Papúa Nueva Guinea. Al lado había una cabaña donde vivía su guardián; tan importante era ese lugar para los isleños.

El muchacho joven y el guardián me contaron que en el pasado, antes de la predicación del cristianismo por los misioneros alemanes, periódicamente arribaban a su isla los invasores de la isla de enfrente, Manus, para conseguir carne humana, pues eran caníbales. Los nativos de Pityilu bendecían sus lanzas, flechas y otras armas junto a esa piedra, pues según ellos tal acción les confería una capacidad letal extraordinaria y siempre repelían con éxito a los invasores "manusianos", cuyos cadáveres recogían a continuación para comérselos y agradecían a su Luhú la victoria.

El guardián arrancó un coco del cocotero dentro del territorio del Luhú, lo cual se considera un privilegio. Me lo abrieron con un machete y me lo bebí con fruición acto seguido.

Le pregunté al guardián si otras islas o pueblos también poseen un Luhú y me contestó afirmativamente, aunque no necesariamente en forma de piedra. Según él, era una tradición antiquísima, que se remonta a 26.000 años atrás.

Muchos papús son a la vez cristianos, practicantes del culto cargo y de ritos basados en la adoración a los ancestros, como los habitantes de la isla Pityilu.

Tras mi estancia de una semana en la isla Pityilu, durante la cual no hubo un solo día en el que no me sintiera profundamente inquieto, regresé al aeropuerto y volé a la isla de Nueva Irlanda.

EPÍLOGO

¿Cuántos de estos 100 lugares inquietantes conoces?

De 0 a 25: eres un amante del sofá.
De 26 a 50: eres un turista prometedor.
De 51 a 75: eres un viajero notable.
De 76 a 100: eres un conocedor del planeta Tierra.